线上赚钱

薇安 / 著

中信出版集团 | 北京

图书在版编目（CIP）数据

线上赚钱 / 薇安著 . -- 北京 : 中信出版社，
2020.9（2022.1 重印）
ISBN 978-7-5217-1994-9

Ⅰ . ①线… Ⅱ . ①薇… Ⅲ . ①网络营销 Ⅳ .
① F713.365.2

中国版本图书馆 CIP 数据核字 (2020) 第 109546 号

线上赚钱

著　　者：薇安
出版发行：中信出版集团股份有限公司
（北京市朝阳区惠新东街甲 4 号富盛大厦 2 座　邮编　100029）
承 印 者：北京盛通印刷股份有限公司

开　　本：880mm × 1230mm　1/32　　印　　张：8　　字　　数：178 千字
版　　次：2020 年 9 月第 1 版　　印　　次：2022 年 1 月第 3 次印刷
书　　号：ISBN 978-7-5217-1994-9
定　　价：58.00 元

致心心和小土豆，

你们是妈妈的骄傲，妈妈也想成为你们的骄傲。

/ **目录** /

前　言　出发，什么时候都不晚　V

第一章

/ **思维升级篇：改变思维，原来世界如此精彩** /

认知升级：你的业余时间可以多值钱　003

成功案例：全职妈妈和职场人士如何增加收入来源　009

行业揭秘：让你收入翻番的八大线上赚钱类型　017

第二章

/ **梦想启动篇：好的开始，是成功的一半** /

高效管理：三种方法让你每天的时间多出两个小时　029

心态建设：人生从突破自我限制开始　035

十大利器：线上赚钱的十大能力　041

第三章

/ 精准定位篇：找准定位，事半功倍 /

专业清单：充分挖掘你的现有优势 053
定位策略：三招教你找到精准定位 059
开始起步：六点帮你实现快速起步 066

第四章

/ 朋友圈运营篇：打造你的精品店铺 /

个人包装：做好三步让客户主动找你咨询购买 075
打造朋友圈：打造充满个人魅力的朋友圈 082
活跃朋友圈：两招激活你的朋友圈 088

第五章

/ 文案写作篇：写出狂销热卖的圈粉文案 /

朋友圈种草：不发广告也能成交的种草方法 097
朋友圈卖货：专业化文案让产品不销而销 103
高转化率文案：大幅提高转化率的两个写作技巧 109

第六章

/ 引流获客篇：找到源源不断的精准客户 /

社交媒体：最低成本寻找客户的方式 *119*

精准获客：两招帮你大规模吸引精准客户 *127*

引流涨粉：两步让你轻松加满微信好友 *134*

第七章

/ 商业体系篇：打造能形成闭环的商业体系 /

产品组合：产品组合拳让业务源源不断 *145*

产品孵化：利用 MVP 成功孵化自有产品 *151*

全局观念：掌握一个公式实现销量最大化 *157*

第八章

/ 销售能力篇：让客户对你说“是”的秘诀 /

销售动力：驱动销售成功的真正动力 *165*

策略分析：找到你的线上赚钱业务突破口 *170*

销售演讲：一场高转化演讲必备的三大方法 *176*

产品介绍：四句话让你的语言表达立起来 *182*

第九章

/ 运营管理篇：撬动杠杆让业务滚雪球 /

社群运营：打造超有黏性的高价值社群 *191*

直播带货：5G 时代最应该打通的变现渠道 *200*

团队管理：从单打独斗到团队协作 *209*

第十章

/ 人生破局篇：业务发展的关键是终生成长 /

拓展人脉：成为最受欢迎的人脉王 *217*

快速突破：三招让你的业务迅速破局 *222*

知识变现：实现个人价值倍增的方法 *228*

后记 *235*

/ **前言** /

出发，什么时候都不晚

这是一本让你开阔眼界，提高多渠道收入能力的线上赚钱指南。无论你是职场人士、全职妈妈，还是创业者，这本书都有助于你发展事业和增加收入。

想象一下下面的情景：

假如你除了全职工作，还拥有一份自己的小事业，每月都有不断增长的收入，你会是怎样的心境？

假如你有很多忠实的粉丝和客户，那将会是怎样的景象？

假如你拥有很强的核心竞争力，这些能力让你在任何环境下都能生存得很好，结果会怎样？

假如你只需要很少的投资，甚至不需要投资，在家里的客厅或书房就能通过线上经营，获取源源不断的收入，比起其他人或事，这是不是能给你更强的安全感？

假如你能够建立自己的影响力，为更多人提供帮助，让他们因为你的存在而变得更好，那该是一件多么有意义的事！

这些我都实现了。如果你愿意，我可以把我成功的方法教给你，帮助你实现上述目标。

我叫薇安，是两个孩子的妈妈，也是两家创业公司的首席执行官。创业之前，我一直是职场高管，在多家大型企业任全国高级销售总监，一年的销售利润高达数十亿元。

出于对互联网的好奇心和求知欲，3 年前，我利用业余时间，在互联网开启了我的另一个世界。我创办了微信自媒体公众号“薇安说”，现在它拥有 50 多万粉丝，在成长类个人公众号中名列前茅。

我的人生宗旨是：过有结果的一生。因此我把那些帮助我取得事业和家庭成功的经验总结出来，我在个人平台和知名知识付费平台授课，开办超级演说力、个人品牌创业、销售成交、线上赚钱、高情商沟通等课程，全网粉丝学员百万，帮助数十万人收入大幅增长。

我和合作伙伴创建了线下杰出女性社群“QUEEN 时代”，传授创业、赚钱、智慧修炼等女性感兴趣的知识和技能，帮助学员实现收入倍增。

我从事知识教育行业后，有很多学员在我的帮助下重建自信，燃起对未来的憧憬和希望。他们运用所学技能，在工作和生活中取得喜人的成果，收入大幅提升，这一切让我找到了生命的意义。在与众多学员的交流中，在数以万计的公众号留言里，我发现有线上赚钱困扰的人非常多。他们通常会有这样的疑问：

我对互联网一无所知，可以从事线上业务吗？

我想开启线上轻创业，该做什么才好呢？

我一没钱二没人脉三没专业，能实现线上赚钱吗？

我是职场人士，白天工作很忙，我该如何启动自己的小事业？

我是宝妈，想多点儿时间带孩子，我该从哪里入手？

我学历低，没什么自信，我能赚到钱吗？

我从事的是传统行业，我该如何做才能实现线上转型？

我现在才开始学线上模式，是不是太晚了？

我尝试了但是不太成功，我还有机会吗？

……

互联网的经营思路和方法在过去很重要，在未来会更重要。什么时候出发都不晚，这个时代给了我们太多机会，能不能实现线上赚钱不在于你懂不懂，或者做什么，关键在于你是否想转变思维和提升能力。

考虑到这么多人有需求，我决定把自己的成功经验整理成一套可复制的方法，帮助更多人实现线上赚钱、足不出户也能获得源源不断的收入的目标。

在互联网如此发达的时代，只要你有智能手机，只要你会玩朋友圈和社群，就能发现那些唾手可得的东西中潜藏着的巨大商机。你可以随时随地利用业余时间开启线上赚钱业务，你再也不用像过去那样，租店铺装修，或者到处登门拜访。事实上，人人都可以在自家客厅开启轻创业之路。

我的一位学员小莎，有着一份稳定的工作。跟我学习之后，她的线上某护肤品代理月收入突破 6 位数。对她来说，这原本是一个遥不可及的数字，但竟然实现了。现在她的主业发展得也很好，她颇受领导重视，上升空间很大。

还有一位学员是全职妈妈，在家 5 年，她不想再过手心向上的日子，于是开始从事微商业务，但是经营状况很不理想。她一度想放弃，一个偶然的机会她开始跟我学习。很快她就掌握了重要的互联网销售和个人品牌推广方法，改变了固有认知，整体业务获得突飞猛进的发展。前段时间她告诉我，春节期间她做到了月营收 3.6 万元。

我带出的学员中，取得这样成果的比比皆是。

本书分享给你的，是我认为当今时代最重要的生存能力。过去 3 年，我通过不断学习和实践，形成了一套自己的方法。

现在整体经济环境不太理想，无论是企业还是个人都担心自己的未来。正因如此，我才认为你迫切需要学习线上赚钱的方法，我会将我在创业路上的所有成功经验分享给你。

我们正处于历史上最伟大的时期，互联网彻底改变了人们的生活。如今创立和经营一家企业比任何时候的成本都要低，线上赚钱比任何时候都更便利，机会到处都是，就看你有没有能力抓住。

即使你来自传统领域，对互联网一无所知，也不用担心，因为以前的我也一直从事传统领域的工作。虽然不太懂，我还是勇敢地去尝试，并取得了成功。互联网发展日新月异，我们必须与时俱进，只有这样我们才能抓住时代赋予我们的机遇。所以不用怕，既然互联网改变了游戏规则，我们就要躬身入局，与时代共舞。

如果你是职场人士，担心职场未来，渴望打造自己的副业赚钱体系，让自己不再被动；如果你是全职妈妈，希望赚取一份收入，既可以在家照顾孩子，又可以实现自我价值，不再做手心向上者；如果你是个体工作者，想让自己的生意借助互联网机会，更上一个台阶；如果你来自传统领域，对互联网一无所知，迫切需要拥抱变化；如果你是微商从业人员，但业务停滞不前，想找到新的突破口；如果你想低成本低风险开启创业之路，并取得成功；那么你需要学会这套线上赚钱的商业方法。

经过我本人的实践总结和对数千个案例的收集，我把我十多年职场、创业双成功的经验都写在本书中，本书有三个亮点。

亮点一，成功实践。书中的方法和技能全部来自我个人多年的实践，经反复验证都很成功。

亮点二，全网通用。高效的商业模式应该是打通线上和线下，因此我分享的知识点既适用于线上，也适用于线下。

亮点三，点面结合。本书覆盖了产品、营销、渠道和品牌多个维度，每个模块都提供了详细的指导方法。对于想实现线上赚钱的你来说，这是一本非常全面且操作性极强的指导书。

这本书怎么读更有效？我想和你分享三个高效读书的方法。

记笔记

读到对你有启发意义的篇章和知识点时，请你记笔记。你可以使用思维导图的方式，也可以在笔记本上记下要点。记笔记具有复盘的作用，它可以帮助你加深对该知识点的印象和理解。

深思考

记笔记的同时，请你思考下面几个问题：

我学到了什么？

为什么这一点对我的启发特别大？

我该如何将它运用到我的工作中？

下一步计划我如何行动？

实践

思考之后，你应该做出一个行动计划，并设定行动开始的时间，落地实践书中的某个知识点。知识只有运用方能成为你的能力，这才是其真正的价值所在。

这本书能成功出版，我要感谢很多人。

感谢我的先生，他给了我很多宝贵意见，总是无条件地支持我。

感谢我的商务总监板栗姐和编辑白菜，她们帮助我反复校对。

感谢我那数以万计的学员，他们来自我的个人品牌创业营，演讲、销售训练营，QUEEN 时代线下超级演说力等课程，他们通过跟我学习，让自己的人生硕果累累。就在不久前，我的某位学员还通过我教的方法签下百万元大单。这些成功的例子让我充满信心，我相信自己能帮助你实现线上赚钱。

感谢我的编辑钰艳，正是她的支持和鼓励，这本书才得以面市。

还要感谢我的两个宝贝儿子，9岁的心心和6个月大的小土豆。在我写作时，他们安静地配合我。

感谢我的姐姐和公公婆婆，他们帮助我操持这个家，免除了我的后顾之忧。

最后，我要感谢你，亲爱的读者，感谢你选择了我的书，我想你已经迫不及待地想开启学习之旅了吧。现在成千上万人通过互联网创业，未来的趋势是人人都要把自己打造成一家公司，一支队伍，只有这样才能成为最具市场竞争力的人，希望我的这本书能帮助你成为这样的人。

如果你深受启发，请你把这本书推荐给更多人，让他们也能从中受益。

种一棵树最好的时间是10年前，其次是现在。你准备好了吗？我们出发吧。

/第一章/

思维升级篇：

改变思维，原来世界如此精彩

只要迈出第一步，看到的景色就会发生变化。

只有行动才能打消不安。

——日野原重明

认知升级：你的业余时间可以多值钱

胡适先生说过，你的闲暇往往定你的终身。因此怎样利用业余时间，往往决定了一个人的人生高度。如果你每天花一小时研究赚钱方法，并提升你的赚钱能力，那么用不了多久，你在这方面获得的知识和能力将比世界上大多数人多很多。

在这个时代，我常看到冰火两重天的人生。不具备思维迭代能力的人，会觉得赚钱实在太难了。而那些具有与时俱进思维和眼光的人，他们会觉得这个时代到处都是机会。

很多人从没有意识到业余时间的重要性，他们总是抱怨自己太忙了，没时间。而当闲下来的时候，他们却把时间浪费在追剧、玩游戏、购物或网上闲逛上。

事实上，我觉得我们所处的时代，可以被称为“Golden Age”（黄金年代），那么你的时间有多值钱呢？我来和你分享三个观点。

人的网络是财富放大器

“人的网络是财富放大器。”这句话是润米咨询创始人刘润先生说的。他说，一个人的财富由两部分组成：一是你自己的本事；二是你和其他人联结的本事，而后者是前者的放大器。

现在，互联网让人际互联变得无所不在。牛津大学人类学家罗宾·邓巴认为，每个人的社交网络中，150 人是好友上限。在非互联网时代，如果有人认识超过 150 人，这个人一定是人脉王。因为那时人们的圈子很窄，想拓展更多联结是不太可能的。

但是，现在有了微信、抖音、微博等众多平台，人们可以轻易接触到以前无法接触的人。别说 150 人，150 万人都没问题，这就是为什么互联网对创业者非常有利。

以前的市场大环境是，你有产品但不知道卖给谁。我妈妈是做童装生意的，在我儿时的记忆里，妈妈做生意非常辛苦。她生产完童装后，要去批发市场找那些卖儿童服装的商家，一个一个地谈订单，通过这些商家把童装销售出去。

但是现在情况完全不同了。只要你善于运用社交网络，就可以找到源源不断的客户。

3 年前，在没有接触互联网创业之前，我的朋友圈不到 1 000 人，我的圈子仅限于家人、同学、同事和客户。而一旦开始互联网创业，我就拥有了公众号、微博、微信朋友圈、今日头条等近百万粉丝。这样强大的人与人的联结，让我可以最大化扩展个人影响力，当我有了产品时，我就拥有了可以销售的渠道。这就是人的网络是财富放大器的原因。

人际联结带来的直接结果是，它营造了人人皆商人的土壤。

众所周知，有人就有需求，而现代社会人们的需求总是追求风格多样性。所以，即使是很小众的产品，只要用对了方法，也能在全国甚至全世界找到客户并销售出去。

这种人与人的联结，在互联网时代可以被无限放大。而你要做的就是打造相应的能力，不断扩大和加深人际联结，让自我价值得到增值。

提高自身的反脆弱性

《反脆弱》一书提到，不可预测的事件总是潜伏在世间万物的背后，你再努力也无法避免黑天鹅事件的发生。因此，我们需要培养反脆弱的力量，即在重创中，我们要有足够的能力复原，甚至要在压力下逆势生长，蒸蒸日上。

可以说，2003 年的“非典”成就了淘宝。淘宝当时的一句广告词我至今记忆犹新：没人上街，不一定没人逛街。马云创建淘宝就是反脆弱的典型。

我们为什么要建立反脆弱体系？因为这是最好的时代，也是最考验人的时代。在人类历史发展的进程中，从没有哪个时期像今天这样拥有如此多的机会；但同时，也从没有哪个时期像今天这样如此考验人的众多能力。

《联盟——互联网时代的人才变革》一书指出，不可预测的变化，让那些曾经稳如泰山的公司的股票表现，越来越落后于标准普尔 500 指数。

在科技飞速发展的时代，如果不能与时俱进，任何人或企业就会面临随时被淘汰的风险。所以，对未来的不确定是最确定的事，意识到这一点，我们就需要提升能力，提前做好准备。

如何才能具有反脆弱的能力？就是要未雨绸缪，不断拓展能力，除了计划 A，还要有计划 B、计划 C。

对于职场人士来说，除了职场能力，你还应该拥有多渠道获取收入的能力。这样即使工作出现了危机，你也有退路，也有选择的机会。

对于全职妈妈来说，除了照顾好家庭，你还应该具备谋生的能力。这样万一家庭有经济压力，或者婚姻遇到危机，你不至于太过被动。

对于创业者来说，除了现有业务，他们还应该不断寻找并开拓新的机会，让自己的业务多几重保险。

我把这些都称为“备胎”。车轮胎一旦坏了，我不用被动等待救援，第一时间就可以换上备胎。

尼采说过：“那些杀不死我的，必使我更强大。”

线上赚钱正是让你具备反脆弱的能力。在如今这个充满机会和压力的环境下，这一点显得尤为重要。

掌握精益创业的方法

很多人一想到赚钱就会陷入一个误区，即需要投资很多钱才能开始创业。

我身边不少人都在创业中受过伤。我的同学投资 40 多万元代理美国的餐具品牌，经营两年后关门大吉。我的前同事，投资 20 多万元加盟一个线下机构，不到一年就倒闭了。我公众号的一位粉丝投资几十万元加盟一个线上大健康产品，现在家中还有一大堆存货卖不出去。

事实上，在互联网时代创业完全不用这样“壮烈”。精益创业是最具影响力的方法，只要你学会这种方法，就可以大大提高创业的成功率。

精益创业的概念来自《精益创业》一书。精益创业的精髓在于廉价且快速地试错，提高成功率，降低风险。

以前想创业赚钱，最常见的方法就是在线下开店，只要一开店就涉及装修、家具、租金和人工等硬成本。而这些硬成本你怎样都节省不了。所以很多人在毫无经验的前提下，脑子一热，义无反顾地冲进去，结果以失败告终。

费时、费力、亏钱，而且很消磨人的意志，这样的试错成本是不是太高了？

要想成功开启自己的线上赚钱业务，最重要的就是掌握方向，借势而为。如果方向错了，那么再努力也是枉然。

不懂精益创业的人会认为创业风险极高，这是因为你没有验证就投入了，风险当然高。幸运的是，互联网时代有太多平台和更为智慧的方法，它们可以让你实现创业的轻启动。

如果想尝试一项创业，想知道这件事靠不靠谱，你做三件事就够了。

第一件事，找一些人聊聊需求是否存在。

第二件事，用最小化可行产品去测试市场的反馈。

第三件事，根据前面两个步骤决定是需要暂停，还是加大推广力度。

我的创业就是低成本低风险创业，所有的创业模式都采用精益创业的方法。

所以，基于我向你介绍的这三个内容，你是不是发现你的时间真的很宝贵？你不需要日晒雨淋，也不需要日夜奔波，只要学会利用和抓住市场红利，联结更多的人，提高能力，准备计划 B、计划 C，以及采用精益创业的方法，你就能快速起步。

开启你的线上赚钱业务，你需要做的就是好好利用时间，研究并实践赚钱的方法和途径，不断提高自己的专业能力。

成功案例：
全职妈妈和职场人士如何增加收入来源

全职妈妈如何实现月收入过万

我的学员和粉丝中，宝妈占据了相当大的一部分。

我发现女性一旦成为妈妈，就会变得比以前更努力更上进。我们都有一个梦想，就是想成为孩子的榜样，想给孩子一个更好的未来。所以，在我开设的各种课程中，宝妈是最勤奋最努力的。而且在我教的个人品牌创业营和销售成交营中，那些变现收入最高、最会赚钱的都是宝妈。

很多女性生完孩子之后，很难回到原来的工作岗位。因为孩子需要人带，家庭需要人照顾。重回职场意味着事业和家庭可能失衡，顾得了工作，顾不了孩子；顾得了孩子，顾不了工作。

因此，越来越多的宝妈选择回归家庭，但是她们也不愿意过手心向上的生活。对于大多数宝妈来说，最理想的状态就是可以一边带孩子一边赚钱。

在非互联网时代，宝妈没有太多选择。但是，在互联网时代，宝妈创业变得简单起来。移动互联，一部手机就可以实现人际互联，实现线上赚钱。我将向你介绍一个全职妈妈的线上赚钱案例。这个案例主角是我的学员，我想用她的真实经历给你更多启发。

这个学员叫丽丽，她实现了从全职妈妈到月收入超过 6 位数的完美蜕变。丽丽是一位上海宝妈，曾经是一家公司的行政人员。但是她发现自己越来越忙，根本没有时间陪伴孩子，错过了很多孩子成长的重要时刻。于是，她选择辞职，回归家庭。

后来一个无意中的机会，她看到一家社交电商的招募消息。当时她的想法是投入几百元，就算自己用也可以。于是她花了点儿钱注册成为该社交电商的初级代理。之后，她尝试着在朋友圈分享了几单，发现竟然有人直接进入她的朋友圈购买产品，而且她真的通过卖货赚到了提成。于是，她很快就向平台申请付费几万元，成为高级代理。成为高级代理，意味着她的生意渠道不仅仅是做零售，她还可以招募初级代理，赚取招募代理的费用。

在开始做社交电商业务之前，丽丽的朋友圈只有 300 人。她知道这么少的人是不能把业务做起来的，于是她采取以下几个关键步骤开启她的线上赚钱业务。

第一步：朋友圈推广

她购买了一些产品自己试用，然后认真地写产品介绍和推荐文案。为了让推荐更值得信赖，她经常真人出镜。她用心地经营自己的朋友圈，让朋友圈真实可信，而不只是卖货的渠道。通过朋友圈的精心推广，她很快吸引了一部分客户。

第二步：服务好客户，做进一步升级

丽丽在销售产品给客户之后，会持续跟进，了解客户的使用情况，这让客户感到非常贴心。丽丽知道每位客户对她来说都很重要，所以她和每位客户都成了朋友。

建立起信任后，丽丽开始一对一向客户推荐产品的代理机制，在这种机制下，客户不仅自用可以打折，销售产品还可以赚提成。客户在丽丽的平台上购买产品，觉得很不错，于是有近 30% 的客户成了丽丽的代理。

第三步：裂变转介绍

当一部分客户成为丽丽的代理后，他们又介绍自己的朋友加入丽丽的团队，成为代理。从一到二，从二到四，很快丽丽开始带团队了。她用心培训、服务客户和代理，于是客户升级为初级代理，初级代理升级为高级代理。这样，丽丽的团队慢慢扩大，而丽丽的朋友圈也从原来的 300 人，在一年之后增长到 1 500 人。

第四步：加速前进

丽丽成为更高级别的代理，她要带着团队共同进步。但是在这个过程中，她发现了自己的瓶颈：不敢公开发言。于是她跟我学习演讲和销售成交技巧，学习一对一精准转化和一对多社群运营。因为做社交电商的人越来越多，竞争越来越激烈，她需要在有限的流量下提高转化率。在我的指导下，她做了几次社群裂变

推广，取得了很好的效果。之后，她不断复制成功的成交和社群成交经验，这使得她的团队迅速扩大。

第五步：个人品牌打造

当丽丽的团队越来越大时，她开始走个人品牌打造路线，输出更有价值的内容。有一次，一个大平台邀请她做分享。丽丽知道，这对她来说是一次特别重要的升级机会。她对自己进行了包装，设计了新的头像和个人简介，很认真地准备成功经验分享的材料。那次分享让她一炮而红，有 1 万多人听了她的分享，那次分享也成为该平台收听人数最多的一次。

之后很多团队都邀请她去做分享，丽丽每次都积极参加，精心准备，并极致利他地分享她的成功方法。在网络宣传效应下，丽丽被更多人熟知。有很多人通过他人介绍找到丽丽，要求加入她的团队。他们认为跟着丽丽不仅能赚钱，还能实现个人成长。

现在丽丽是该平台最高级别的代理，其团队成员高达 6 000 人，而且这个团队的成员还在不断增长。丽丽在 2019 年收入近 500 万元。从全职妈妈到月收入 7 位数，丽丽只用了 4 年时间。

通过她的故事，你看出什么么了？一个朋友圈人数只有 300 人的普通人，通过互联网，在短短 4 年内，从全职妈妈做到平台的千人团队长，她都做了什么？

丽丽是一个特别好学且非常努力的人，在线上创业这几年，她从未停止学习的步伐。而且她做的事都是利于他人的，在帮助他人成功这方面，她不计较回报，也因此深得人心。成功从来都不是一飞冲天的，而是点滴积累的。

案例分析：职场人士如何增加收入来源

我接触的职场学员中，10 个中有 9 个都想开启线上赚钱业务。大部分人个人危机感很强，很多职场人士一进入 30 岁，就害怕自己因缺乏竞争力被淘汰。

而我身边的确有无数例子可以证明，只有一份收入无论在什么年纪都很被动。我的很多朋友，在职场中并没有犯什么错，但是被裁员了。他们在拿到赔偿金时，发现自己一无所有，不知道未来何去何从。

作为一个创业者，我一直在给自己打造计划 B 和计划 C，即在主营业务之外，不断开拓新的业务。职场人士也应该不断为自己增加职场外的核心竞争力。一旦拥有多渠道收入，就意味着我们把主动权牢牢掌握在自己的手里。

我的学员小兰是深圳一家房地产公司的普通职员。在参加我的线下课时，她忧心忡忡地对我说，她很担心未来，因为公司效益不是很好，她怕被裁员。

我问她有什么特长或兴趣爱好，她也不知道自己擅长什么。于是我让她回去认真想想。第二天她告诉我，她在房地产公司做了 5 年，对房地产投资略有研究，这应该是她的专长。于是我鼓励她将房地产投资顾问作为自己的定位标签，开拓房地产投资顾问的业务。在我的个人品牌创业营里，她按照我的方法成功地确立了定位，并通过小规模测试的方式，找到第一批愿意为她付费的客户。

这让她信心倍增。于是她不断打磨产品，后来又在我的其他社群里招募了几十位新客户，稳稳地迈开了价值变现的脚步。就这样，她把房地产投资咨询作为她的线上赚钱项目，日常不断地在朋友圈和社群输出知识，招募有需求的学员。

前段时间她向我报喜，说她跟着我学习之后，每月不仅赚到5位数，而且收入持续增长。即使在新冠肺炎疫情期间，她每月也有几千元的收入。她非常看好未来，因为房地产购买是刚需，她可以为购房者提供有价值的建议，帮助他们少走弯路。

令人欣喜的是，她告诉我，她的这种能力也推动了主业的发展，由于业绩优秀，老板给她涨了20%的工资。

我的另一个学员婷婷，是一名理财公司从业人员。在认识我之前，她只知道向客户推荐理财产品，根本不懂什么叫销售。虽然她也想做线上赚钱的项目，但是不知道从哪里入手，于是打算出来学习，看看有没有新的发展机会。

婷婷参加了我的QUEEN时代超级演说力线下课程，她很想锻炼胆识和学习销售，但是又没什么产品可以销售，于是她把一直在吃的一款减肥产品拿出来销售。以前她是个小胖妞，自从服用这个减肥产品后，她在半年内成功地减重20斤，而且体重没有反弹。

她使用我教她的方法销售这款减肥产品，没想到现场就有很多人向她购买。她信心大增，于是回去后申请成为这家公司的代理，她无意中开启了自己的微商业务。

通过朋友圈和社群销售，在不到半年的时间里，她就升级为该产品体系的最高代理，3个月线上营收达21.7万元。在双十一期间，她做了一场分享，她所在团队4天做出百万元的销售额。

她还告诉我，她的主业运营得也非常好，她的管理能力得到提高，她得到领导和下属的高度认可。她带着团队去谈订单，那次谈判被团队成员认为是团队最有尊严的一次谈判。

在我的学员中，这样的例子还有很多，通过分析他们的线上业务，你看清他们的发展路径了吗？我来做个简单的分析。

找到自己的定位

你不妨问问自己以下三个问题：

- 我的特长是什么，我最擅长什么？
- 我的兴趣点在哪里？
- 我的专业是什么？

线上赚钱，最好也是最容易切入的方式，就是利用自己多年主业培养出的能力。以我本人为例，我在职场一直做销售，所以精通销售和演讲。我在职场时意识到个人品牌的重要性，于是我在业余时间不断打造自己的个人品牌，以实现创业成功。刚起步时，我就利用了自己原有的专长。

小兰也是如此，她的本职工作是房地产销售，所以她充分利用了自己房地产投资方面的专长，成功地找到自己的定位。

很多人在职场不认真工作，总觉得职场不适合自己发展，实际上职场有非常多的资源可以提高你的专业能力，而这些都可以作为你线上赚钱的敲门砖。

培养线上赚钱所需的能力

也许你会说，我没有什么专长，也没有什么爱好，怎么办？这个世界缺的不是好产品好平台，缺的是能把产品卖出去的人。想赚钱就一定要学会做交易，所以你应该有针对性地学习。

婷婷就是一个典型的例子，她是理财公司从业人员，她从未想过自己有一天可以实现线上赚钱。但是通过跟我学习，她开发了自己的潜力，从而迈进一个全新的世界。

事实上，这些能力都是练就商业思维和与人打交道的能力。所以很多人会发现，当他们开启线上赚钱业务之后，他们所掌握的能力也能助力主业发展。

小步快跑

想要实现线上赚钱，你最应该做的事情就是行动起来。但是因为你经验不够，底子不足，所以这个阶段步子不要迈太大，否则容易摔跤。

你需要的是小步快跑模式。无论是小兰还是婷婷，都是如此。小兰通过推出最小化可行产品，在社群里实现了专业知识变现。而婷婷则是测试了这个产品有市场，才升级成为代理的。

这就是我在前面讲过的，只要掌握互联网创业的方式，你在自家客厅就能启动线上赚钱业务。这样做不但风险低，对你现有的工作和生活也不会有什么影响。

10 年前，我也曾两次创业失败。究其原因，一是我没有最大化利用我的专业，二是不懂互联网赚钱的方法，三是没有采用快速低成本试错的方法。所以，当我第三次创业成功后，我得出结论，每一位想实现线上赚钱的人，只要掌握正确的方法，就有机会取得成功。这是互联网给所有希望自主创业的人带来的最好的机会。

行业揭秘：
让你收入翻番的八大线上赚钱类型

我的一个大学同学，最近被公司裁员了。在企业做了十多年会计的她惊慌失措，不知道该怎么办。她想投资几十万元开个线下教育机构，又担心有风险。她向我咨询，我当然是竭力阻止。我几乎可以做出肯定的判断，像她这样没有经验的人贸然投资做生意，失败的可能性非常高。我告诉她，除了打工和线下开店，还有很多线上赚钱的方式。

我相信你也一定很好奇，市场上到底有哪些方法可以低风险甚至零风险赚钱。在这一节，我将和你分享八大线上赚钱类型。

不过在开始阅读之前，我想请你做两件事：

一是保持空杯心态，不要轻易对行业持有偏见。

二是保持合理预期，不要觉得月收入几百上千就不值得一提。

社交电商类

社交电商是最近几年特别火的线上赚钱模式。所谓社交电商就是一个商超平台，商家负责挑选优质商品上架。人们既可以作为消费者购买产品，也可以花一点儿钱，成为该平台的店主或代理（各个平台有不同的叫法），通过在社交媒体上推广产品获取佣金。

市场上有很多社交电商，比如云集、蜜芽、洋葱、好省、环球捕手、贝店、达令家等等，还有不断涌入市场的各类新型社交电商。

社交电商的核心特点是：不用囤货，付费会员既是消费者也是代理商。分享成功后，就能获得提成。

社交电商的好处在于，它是一种低门槛、几乎无风险的赚钱模式。为了研究社交电商模式，2018 年我曾投资 1 000 元加盟一个跨境社交电商平台，我想看看能否通过分享赚回这 1 000 元投资，结果我只发了几条朋友圈就赚回来了。后来我和该平台展开深度合作，很快赚回了前期投资。所以，社交电商是一种轻投资、风险极低的线上赚钱模式。

你也许会问，假如我投资了 1 000 元，找不到朋友分享怎么办？事实上，你自己使用该商品节省的费用，也赚回这笔钱了。

社交电商的赚钱属于细水长流型。我有很多学员做社交电商，做得好的，每个月都有几千元甚至上万元的收入。作为收入补充，这是一种不错的模式。

不过一旦你成为社交电商的团队队长，收入就会大幅提高。我的一个学员是某社交电商平台的团队队长，她每月收入超过 5 位数。

如果你想在线赚钱轻起步，社交电商就是一种非常不错的模式。每个社交电商都有不同的主营业务，如做跨境购的洋葱，做淘宝、京东分销的好省，以母婴产品为主的蜜芽。所以，你可以根据自己的情况做选择。你只要找到一个代理，花几百元到 1 000 元就能开启你自用省钱、分享赚钱的线上赚钱业务。

课程分销类

有一种线上赚钱方式叫作课程分销。分销课程是一种零风险、零投入的线上赚钱方式。互联网上有大量的销售课程，几乎所有课程都设有一定比例的分销提成，从 10% 到 50% 不等，有的甚至更高。

分销课程做得好也可以成为炙手可热的大 V。我的学员阿雪就是一个成功的例子。一开始她只是喜欢学习，于是报名参加了很多线上课程，有 99 元的音频课，也有上千元的训练营。

后来，她觉得好的课程就在朋友圈推广，由于推广多了，她研究出很多课程转化的有效方法，包括文案写作和团队分销的玩法。之后，她的课程转化越来越好，她越来越有名气。现在，只要是大的平台想推广课程，就会找她。她只是分销课程，就可以月收入 4~5 位数。

课程分销，既不要额外投资，也不需要售后跟进。如果你觉得某个老师讲课水平很高，就可以把他的课程分享出去，赚取收入。如果别人购买你推荐的课程，学完后受益匪浅，他会很感谢你，更加相信你推荐的课程。但是，很多人有个误区，那就是看不上课程分销的利润。因为很多课程单价比较便宜，比如 99 元，即使推广出去，也不过才赚几元或几十元。

这种思路是不对的，线上赚钱都是从小处开始积累的，看不上小钱就赚不到大钱。更何况，别看产品单价低，你不一定能分销出去。因为这考验的是你的人脉和文案转化能力。如果几十元的东西都推广不出去，那么你又如何赚更多的钱呢？

如果你想做线上赚钱业务，我建议你将课程分销作为该业务收入的一部分。这既是利他行为，又能锻炼你的能力。当然前提是你喜欢学习。如果你不喜欢学习，那么即使你推荐了也无法影响别人。

微商类

微商是线上赚钱的一种核心模式。过去人们普遍对微商有偏见，觉得微商的产品质量不好，宣传过于浮夸，或者有拉人头的现象，等等。但是市场上的确有不少高质量的微商产品。

我有很多学员都是做微商的，我会向他们购买产品，这些产品使用起来感受都很不错。微商推广产品根据代理层级不同，可以获得 15%~50% 的提成，甚至更高。

做微商的好处在于，如果这个产品足够好，公司足够正规，而你的销售能力又很强，那么你的收入会非常可观。很多微商学员，跟着我学如何做销售演讲和个人品牌，月收入都超过 6 位数。

想做微商，产品好是第一位，它应该是你自己用过并受益的产品。许多微商产品没有品牌背书，一旦选择，你就是在用自己的信誉做背书。个人信誉是你最重要的资本之一。如果有喜欢的产品，也有不错的团队，你不妨小步尝试。

知识教育类

如果你在某一方面有专长，那么你可以通过打造个人品牌开启自己的在线教育项目。以我为例，我在线开设的课程就包括超级演说、销售成交、个人品牌创业、高情商沟通等等。

我的学员白菜，她写作能力很强，经常写出 10 万 + 的爆文。但是她从来不知道自己的写作能力是可以实现知识变现的。上了我的课之后，我帮她孵化出小白写作变现课，第一次就招了 280 人。很多人非常感谢她，因为在她的带教下，他们写出了爆文。她不由得感慨，原来她拥有的写作能力，竟然有如此大的价值和意义。从事知识付费业务，这是一个特别好的切入点，风险极低，而且可以帮助别人将自己的个人价值最大化。

每个人都可以利用自己的知识开展变现业务。很多人担心自己不专业，没有竞争力，其实并非如此，这个世界是有认知差和信息差的。

如果你想走这条路，那么你最需要的是在一个细分领域做出专业的内容，找到你的定位，并学会个人品牌的体系化商业变现方法。

一对一咨询类

我创业的第一步就是做一对一咨询。互联网有个平台叫“在行”。2017 年我在在行以行家身份注册，之后就开启了咨询收费模式。如果你在某个领域比普通人更专业，就可以开启这种一对一咨询业务。

我有很多学员都开启了一对一咨询业务。学员小鱼，是一家企业的销售总监，之前她很不喜欢自己从事的那个领域，跟我学习之后，她发现原来销售成交是一件如此有趣又极具价值的事。于是她重新定位自己，充分发挥自己多年来的大客户销售经验，开启销售咨询业务。她在我的课上推出这个业务之后，很快就招募到很多学员。

如果你在某个领域有专长，那么我推荐你做一对一咨询。这是普通人个人价值变现最容易实现的途径之一。我的个人品牌创业营孵化出很多比较成功的学员，它会教大家如何做知识付费产品，如何开始一对一咨询业务。

无论是在线教育还是一对一咨询，都涉及做内容。你可能会想这对个人的要求很高吧，但是我要告诉你，未来无论你销售什么，都要学会做内容，否则充其量你只是一个卖货渠道。如果你不能充分发挥个人价值，你的线上赚钱业务很快就会遇到瓶颈。

写作撰稿类

写作对于线上赚钱来说，是一种很强的变现方式。你如果喜欢写作，当你的写作达到一定水平后，你就可以通过写作赚钱。

这个赚钱途径主要有两种。

第一种是在平台上开设个人账号。我推荐两个平台，一是微信公众号，另一个是今日头条。这两个平台都比较容易实现写作变现。当然，前提是你可以通过写作吸引一定数量的粉丝关注。公众号的写作变现，包括别人的打赏、流量分成、商务广告费、推广团购产品等等。今日头条的变现方式有很多，微头条、头条问答、青云计划奖励是今日头条常见的变现模式。

第二种是投稿公众号，如果号主采纳，就会支付你稿酬。例如我的“薇安说”公众号也有很多投稿作者，有些是我长期付费约稿的作者。

直播带货类

直播从 2019 年开始变得非常火热。网络带货的代表是李佳琦和薇娅。经过几年的努力，如今他们已经是顶级流量主播。事实上，普通人也可以开视频当主播，直播带货。

视频直播在 5G 时代会越来越火，所以如果你愿意表达，喜欢推荐产品，那么你可以去视频号，抖音、快手等视频平台打造自己的个人品牌。当你有了一定数量的粉丝之后，你可以采用直播的方式推广产品，从中获利。

即使没有多少粉丝，你也可以进行直播带货，你可以一边慢慢积累粉丝，一边不断培养你的口语表达能力。

专业技能变现

现在有太多专业知识变现渠道。企业专业外包也是大趋势，如果你能掌握相关技能，那么在线赚钱并不是一件困难的事。比如海报设计、PPT 制作等，在淘宝、猪八戒等网站上都有很多这类活儿等着被接单。

除此之外，热门的专业知识变现还包括文案写作、在线翻译、写影评、视频剪辑、网络客服等。如果你想足不出户实现线上赚钱，就可以学一些相关技能，然后在朋友圈宣传，也可以去网站上接订单。随着你的客户越来越多，你的收入也会越来越稳定。当然，想把专业知识变现，需要付出时间，你不妨把它作为收入的一种补充。

看到这里，你有什么感受？是不是发现世界真的很精彩？原来赚钱的途径如此之多，只有勇敢地走出来，你才能看到更广阔的天空。

在结束本章之前，我想和你分享两种非常重要的思维转变模式。

赚小钱靠努力，赚大钱靠思维和能力

我分享的这八大线上赚钱类型，无论你用心去耕耘哪一类，都可以赚到收入。只是，如果你的梦想不是只赚点儿小钱，那么你除了努力，还需要转变思维和提升能力。

因为只有通过学习成长去开阔视野，改变思维，同时不断提升相应的能力，你才有机会建起自己的赚钱护城河。

线上赚钱不要固守，要懂得多管齐下

我的学员柒月是一名瑜伽教练，同时经营着 6 份兼职，月收入十几万元。我问她为什么要同时做这么多项目，她告诉我，她的朋友圈有几千人，一份线上赚钱业务可能会吸引几百人，但是吸引不了所有人，所以她要开发不同的线上赚钱业务，满足不同人的需求。

所以，如果你想实现线上赚钱，就不要固守一亩三分地，尝试多管齐下实现你线上赚钱的梦想。

日野原重明曾说，只要迈出第一步，看到的景色就会发生变化。只有行动才能打消不安。

世界无比精彩，勇敢地迈出你的第一步吧。

思维一转变，你就会发现世界原来如此精彩。

无论过去怎么看待线上业务，从这一刻起，你都可以用全新的眼光和视角迎接这个时代赋予你的机会。

/ 本章小结 /

在这一章中，我向你介绍了一些非常重要的概念。

- 认知升级：人的网络是财富放大器，提高自身的反脆弱性，掌握精益创业的方法。
- 成功案例：全职妈妈和职场人士成功开启线上赚钱业务的真实案例，以及他们成功的路径。
- 行业揭秘：八大线上赚钱类型，两种重要的思维转变模式。

读完这一章，我想请你思考下列问题：

√ 你最大的心得体会是什么？

√ 哪些内容拓展了你的认知？

√ 你倾向于开拓哪几类线上赚钱业务？

√ 你下一步的行动计划是什么？

/第 二 章/

梦想启动篇：

好的开始，
是成功的一半

花半秒钟就能看透事物本质的人，和花一辈子都看不清的人，注定是截然不同的命运。

——《教父》

高效管理：三种方法让你每天的时间多出两个小时

很多人都急于开启线上赚钱业务。他们总是说，我很焦虑，请告诉我怎样做才能成功？在我带学员的过程中，我发现那些做不好业务的人，有些不是能力不够，而是受困于两个现实问题，即状态和时间。

如果想让线上赚钱业务有更好的发展，我分享给你“两原则”和“三做好”。

两原则

“两原则”指的是良好的状态，充足的时间。我的一位大学同学，创业总是失败，她的职场发展也不太顺利。她不是觉得工作无趣，就是和老板不和。一旦觉得工作不开心，她就会辞职，然后找生意做。看见别人赚钱，她马上一头扎下去投资。但是她没有收入，所以急于变现。虽然知道什么事都是万事开头难，但当状况变得不好时，她会很焦虑，越焦虑越做不好，于是产生恶性循环，每次她都以失败告终。

在我看来，一个人想做成一件事，状态非常重要。有句话说得好：一个选择叫没有选择，两个选择叫左右为难，三个选择才叫有选择。所以，孤注一掷往往不能带来成功。

而良好的状态就在于，你有足够的耐心坚持去浇水施肥，静待花开。这种好状态的背后，是你有一定的资源支撑，包括资金和时间。之前听过樊登老师分享他的创业经验，他在业余时间开展读书会业务。直到樊登读书会做得很大，生意规模过亿元，他才依依不舍地辞职。

你的状态决定结果。如果你很焦虑，缺乏自信，走投无路并急于求成，那么你注定无法取得预期的结果。

再来看看充足的时间。我们用来创业的时间来自哪里？对很多人而言，它来自业余时间。这一点我在本书开篇就讲过，下班后的时间决定了人生的高度。但是很多人会认为自己没有时间，白天工作很忙，晚上带孩子抽不开身。

乍一听的确如此，但是有一点你必须知道，时间对所有人都是公平的。每个人的一天都是24小时，你怎么利用时间非常重要。

三做好

具体怎么做呢？在这里我给你介绍“三做好”。

第一做好：做好手头重要的事，让自己处于良性状态

现阶段对你而言什么是最重要的事？每个人都有不同的观点。

职场人要学会把手头的事做好。相信很多人并不喜欢正在从事的工作，原因可能有很多，总之他们消极颓废，每天都是想辞职的第 N 天。

这样的状态自然做不好工作，烦心的事也会接踵而至。如果你每天被老板训，被同事折腾，精力全被负面的东西消耗掉了，你哪里还有精力去学习去创业去赚钱？

要想有好的状态，你最应该做的就是把手头重要的事做好。这样做有两个好处：一是你有一份工作，每个月有固定收入，手中有粮心中不慌；二是你白天把工作做好，晚上才有时间精力去做你想做的事。这两个好处会让你的心情处于良性状态。

三年前，我正处于职场巅峰期，我热爱我的工作，它让我有成就感。白天，我全力以赴做好工作，认真研究做生意的策略，花精力培养和带教团队，带领他们超额完成销售任务。

为了更好地完成工作，我学习互联网的运营方法，把所学的技能运用到工作中，以期为公司带来更高的收益。同时我深深地被互联网吸引。

因此，我将业余时间花在学习上，并开启了我的个人品牌创业之路。

因为想把业务做好，于是我去学习互联网的方法，并在无意中发现了自己的兴趣所在。如果我当时的工作状态很差，每天都焦头烂额，那么我又怎么可能有心情去探索全新的世界呢？

请相信这句话："只有成功才是成功之母，失败不会是成功之母。"那些做什么都成功的人，他们并非孤注一掷，而是先做成一件，再做成另一件。因为状态好，才有精力去研究其他事情。

有人会说，我很讨厌现在的这份工作，怎么办？我的建议是，在没找到好机会之前，还是应该转变心态，挖掘平台对自己有价值的地方，把手上的工作做好。这样做不是为了别人，而是为了你自己。

第二个做好：做好人际关系维护，让每天的时间多出两个小时

为什么人际关系这么重要？因为这一点会让你每天至少多出两个小时。

在工作中，你应该尽可能获得同事、下属和上级的支持。如果下属给力，很多事情你不需要亲力亲为，他们会帮你搞定。如果同事配合，你们的沟通会更高效，便不会在一个问题上花费太多精力。

这样，你至少可以自由支配晚上的时间。我看过很多人，他们因为白天效率不高，同事不配合，所以晚上还在没完没了地加班，这样肯定没有时间做其他事。

宝妈也是如此，要想办法和老公、家人处理好关系，这样他们就会帮你带孩子，你就有多余的时间用在自己的事情上。

很多人会说，处理好人际关系哪有那么容易！是的，的确不容易。但是我想请你转换一下思维。为了实现你的目标，你不妨功利一些，把他们当客户对待。婆婆多哄着些，老公多夸一夸，下属多鼓励，同事多赞赏。多感谢他们为你做的，你的人际关系自然就会好起来。

要知道，做这些事，你本人才是最大的受益者。只要他们能帮你，你的时间就多了。

第三个做好，做好时间管理，碎片时间整体化

很多人会说，白天工作已经很累很忙了，晚上还要带孩子，时间都是碎片化的，哪来那么多精力开启线上赚钱业务？这是不是说出了你的心声？

在互联网时代，人们的交流基本上都是在线上，这就导致每个人的时间都是碎片化的。既然无法改变现实，我们就要学会与碎片时间共舞。

我分享一个特别有效的时间管理方法，叫碎片时间整体化。

想要做好一件事，拿出整块时间来做是最好的。比如一个小时或两个小时，投入的时间越整效率越高。但是假如你无法做到投入整块时间，你就要学会碎片时间整体化的方法。

这就意味着，如果你只有 25 分钟，你就要想办法让它尽可能高效。在一天的时间里，你可能没有完整的两个小时，但你会有多个完整的 25 分钟。

2019 年 11 月，我生了二宝小土豆，带孩子让我日夜颠倒，我的时间也被他的作息切割得特别碎。眼看着工作堆积如山，但我确实抽不出完整的时间，怎么办？我就开始使用碎片时间整体化的方法。

当小土豆睡觉时，我如果精神还不错，就定时 25 分钟来工作。在这一小段时间里，我关上门，用心地学习和工作。如果 25 分钟他还没醒，我就再定时25分钟，继续专注工作。如果他醒了，我就放下手头的工作去照顾他。

我就这样用一个个 25~30 分钟的碎片时间提高效率，这一点也是番茄工作法的原理。每个番茄钟定时 25 分钟，在这 25 分钟

里你需要极致专注，时间到了，休息 5~10 分钟再工作。

所以，对于时间不多的人来说，他们必须掌握这种碎片时间整体化的方法。这样他们就可以利用业余时间，开启线上赚钱业务。

做好手头重要的事，让自己处于良性状态；搞好人际关系，让每天多出两个小时；做好时间管理，让碎片时间整体化。这样你就有足够好的状态和足够多的时间去学习。而你在不断打造竞争力的同时，也会在自己的事业和家庭中发挥更积极的作用。

心态建设：
人生从突破自我限制开始

在多年管理生涯和带教学员的过程中，我发现限制人们成功的，往往是每个人看待自我的方式。

我教授一系列演讲课程，很多学员用心学习后，发生了脱胎换骨的转变，有的人因此升职加薪，有的人收入提升N倍。

为什么能发生如此大的变化？是因为他们突破了自己原来"不敢说、害怕说"的限制。当他们鼓起勇气在众人面前表达自己之时，他们发现原来这种感觉是如此美妙。于是，他们撕掉贴在自己身上的自卑、胆小、不善言辞、不善表达等负面标签，勇敢地迈出追求梦想的脚步。

每天我都会收到很多咨询信息，在和学员的交流中，我发现她们总是在质疑自己：我行吗？我什么都不懂，能改变吗？我很自卑，我对自己没有信心……这些负面的质疑声，无时无刻不在她们的大脑中盘桓。

我常说一句话，"相信比不相信总要多一个机会"。这辈子属于我们的重大机会并不多，你抓住一两个就够了。所以，你要相信“相信”的力量。相信什么呢？最重要的是相信你自己。

如果你想开启线上赚钱业务，你最需要摘掉“我不行”的自我限制标签。既然谈到赚钱，就一定会产生交易。

这时，你可以问问自己：“我会向自己购买产品吗？我相信自己吗？我相信我可以帮到别人吗？”如果你连自己都不相信，别人是不会对你有信心的。要知道，你传递的气场和信息会原封不动地被对方接收。所以，一个缺乏自信的人，是做不好业务的。

每个人在成长的过程中，势必受原生家庭、教育背景和成长环境的影响。如果你过去遭遇过很多挫折和打击，那么你对自我价值的认同会非常低。你会羡慕别人取得的成就，你不相信自己也可以做到。

所以，我希望你能正视自己。问自己这句话：“既然有人成功了，那么为什么这个人不能是我呢？”

要开启全新的人生，你最应该做的就是突破自我，提高自我价值认同。如何才能做到这一点？我分享以下三种方法。

正确面对自我认知

自我认知就是对自我的判断，知道自己是什么人，对自我的行为有觉察，能够客观地看待和认识自己在生活工作中的各种表现。

没有十全十美的人生，也没有十全十美的人。你如何看待自己，是决定你身上发生的每件事的关键因素。所以，你需要无条件接纳自己的优点和缺点，喜欢自己，原谅自己犯过的错。你要选择相信自己，相信自己可以提升能力，未来会越来越好。

自我认知非常重要。很多人习惯于逃避，他们不愿意面对真实的自己，也不愿意了解自己。所以每当人们问他有什么特长时，他通常会回答："我什么都不会，什么都不懂。"

每个人都有优缺点。在我教授学员的过程中，有些学员的表现真的非常棒，但是他们总会说"我不好，我不行，我做不到"。即使你不断地肯定他，他也在否定自己。

所以自我认知的意义就在于，你要客观地看待自己，无条件地接纳自己的不完美，做真实的自己。人人都有失败或不堪回首的往事，做真实的自己不是让你自暴自弃，而是你要让别人知道，虽然你失败过，但是你一直在努力、在进步，你从未放弃。

人们不在乎你的过去，他们在乎的是你的现在，你现在是否比过去有进步？人们在乎的是你的未来，即使你现在没有太成功，但是只要你不放弃，对未来有梦想，人们也愿意相信你。

正是因为你出身平凡，正是因为你无数次失败跌倒过，所以你努力奋斗，你从不放弃，所以你才走到了今天。

你需要让别人看到的，是一个不断成长和进步的你，而不是一个完美的伪装者。

提升自我价值认可

一个人的自我价值由自信、自爱和自尊组成。人们只有相信自己，才会爱护自己，进而尊重自己。

不管在哪个领域，你在多大程度上认可自己，都决定了你在该领域的表现和成绩。如果你想让别人欣赏你，那么你首先要做的是认可自己，认可自己所做的事是有价值的。

比知识和能力更重要的是一个人的信念系统，也就是你做或不做某件事，你如何看待发生的事情，你如何看待你的未来。

人生有三大有毒的信念会导致失败。

一是无助。很多人认为别人做得到，自己做不到，我不如别人，因而对自己丧失信心。

二是无望。无望的人通常会觉得某件事不可能发生，我做不到，别人也做不到，我搞不定这个客户，别人也搞不定，因此我选择放弃。

三是无价值。无价值是最具危害性的信念。拥有无价值信念的人，会通过外在事物衡量自我价值。事业一旦成功就欣喜若狂，一旦失败了就认为自己一无是处，未来永无翻身的可能。

如果你想为自己打拼一个更好的未来，就需要培养"挫折商"。因为在商业社会中，被拒绝和失败是常事。如果不能培养自我价值，你就会时常产生放弃的想法。

当你认可自我价值时，你会选择相信自己，即使现在不具有相关能力，你也相信通过学习和努力，自己的能力会得到提高。即使失败或遭到拒绝，你也会告诉自己，"没关系，我会争取下次做得更好"。

客户只会从自己喜欢的人那里购买产品，这一点比任何因素都重要。一个自我价值高的人，会觉得自己很棒，他会自发地喜欢别人，帮助别人，他愿意交更多的朋友，而不是把客户当成实现目标或赚钱的工具。而当人们觉得有人真心喜欢自己、愿意帮助自己时，他们就愿意敞开心扉听取意见，购买其推荐的产品。

如果你想赢得别人的信任，就必须提升对自我价值的认可。我知道这对于很多人来说并不容易，但这是你必须经历的心理重塑过程。

人们也许会同情弱者，但会永远跟随强者。你的自我价值越高，你的影响力越大。

不断进行自我激励

为什么你总是赚不到钱？为什么你做事总是半途而废？为什么你遇到困难会马上退缩？有三个障碍会影响人们的成功，它们全部是精神层面的。第一个障碍是害怕失败，第二个障碍是害怕被拒绝，第三个障碍是过早放弃。

害怕失败是导致人们生活落魄的罪魁祸首。因为害怕失败，你不敢尝试未知的领域，你不敢走出舒适圈。因此你找不到突破口，陷入碌碌无为中。如果不能克服这种心理障碍，你就无法面对人生应有的挑战。

而害怕被拒绝是你成功路上的拦路虎，害怕被拒绝会让你走不出去，你不敢向别人提要求，甚至没有勇气提出自己合理的要求。很多人被拒绝一次，就感觉自尊心受到伤害，认为自己不够优秀，从此否定自己，一蹶不振。但实际上，在商业社会里，被拒绝很普遍。任何领域的成功者，在开始时都经历过无数次失败和被拒绝。被拒绝是走向成功的必经之路。

很多人失败了一次两次，或者坚持了一个月看不见成果，就轻易否定这件事，否定自己，认为这件事做不成，认为自己不合格，所以很轻易就放弃了。

前段时间我的助理梳理了一下公众号，她告诉我，和我们同期起步的公众号大部分都不再更新了，能坚持到现在的公众号寥寥无几。同样，几年前做知识付费的人，大部分也都转行了。做任何事，开始时都是困难的。所以不能轻言放弃，要坚持，更要智慧地坚持。

在克服挑战的过程中，你最需要懂得的是控制自己的负面情绪，学会正向激励自己，培养积极乐观的思维方式。

这次失败了，我要好好吸取教训，争取下一次做得更好。

被人拒绝了，没什么大不了的，他人不一定是在针对我。

业绩没进展，我要去学习别人成功的经验。

如果你总是用正面角度看问题，世界就会不一样。

你要做自己最坚实的啦啦队队长，每天认可自己的进步，哪怕是微小的进步，然后不断地在心里给自己加油。懂得正向激励，会让你时刻保持最佳的竞技状态。

我经常用来激励自己的话是："这件事有人做成功了吗？既然有人做到了，那么这个人为什么不是我？我要怎么做才行？"

所以，你可以质疑自己，但是要质疑得高级些，质疑得强大些。在这个世界上，如果你只能选择相信一个人，这个人就应该是你自己。

为什么我要强调心态建设？因为你只有相信了，才有机会做到。

十大利器：线上赚钱的十大能力

很多人都想知道如何才能实现线上赚钱。他们向我咨询的时候，第一句话总是问："薇安老师，我做什么比较好？我可以卖什么产品？"

这个社会缺好产品吗？缺好平台吗？当然不缺。缺的是能把好产品卖出去的人。众所周知，世界上绝大多数财富集中在少数人手中，对于有钱人来说，赚钱是件容易的事。可是对于穷人来说，赚钱是世界上最难的事。这当中的区别在于思维和能力。

在有商业思维和能力的人的眼中，世界到处都是机会。

石油大王洛克菲勒说过："如果把我所有的财产都抢走，并将我扔在沙漠上，只要有一支驼队经过，我很快就会富起来。"

为什么洛克菲勒有这样的底气？无非就是他具有可复制的商业思维和相应的能力。

因此，想要实现线上赚钱，你应该具备一些能力。根据多年线上赚钱的经验，我总结出十大利器，如果你能充分运用其中一到两项，就是向成功迈出了一步。

第一大利器：选品能力

选品能力非常重要，我有一个原则：只做利国利民利众生的好产品。如果你的产品不够好，你是走不长久的。

如果你想做代理，就应该选择自己喜欢并让自己受益的产品。因为这个产品帮助了你，所以你愿意推荐给别人。千万不要去卖那些你自己都看不上、都不感兴趣的产品。

你可以选择那些质量好、效果显著、有特色、复购率高、刚需的产品。

选品代表了人品。所以，在这一步上，你要非常慎重。

第二大利器：涨粉裂变能力

在流量稀缺的时代，所有商业模式的根本在于裂变涨粉。如果不能实现裂变涨粉，那么存量市场很快会枯竭。

裂变涨粉在传统渠道叫拓客（即拓展客源，增加客户的数目，简称拓客），这是商业的源头。有位粉丝找我咨询："老师，我做了一段时间社交电商，一点儿都卖不出。"我问她："你的朋友圈有多少人？"她说："我有 300 人。"

你看，你只有 300 个粉丝，怎么能更好地开启线上赚钱业务呢？

所以我的销售成交和个人品牌创业营，都非常强调涨粉这个概念。这个行为需要被持续下去，即使你已经有了 5 000 个粉丝，也要不断地增粉。对于任何商业规则而言，拓展新客和维护老客同等重要，缺一不可。

第三大利器：私域流量一对一成交能力

私域流量是我们最重要的资产。公域流量是大海，私域流量则是自家鱼塘。

什么叫私域流量？就是属于我们个人的流量，我们可以随时免费触达，并能够与他人展开互动。这就像你自己的店铺客户，他们关注了你，对你感兴趣，你也可以与他们互动。微信好友、朋友圈、社群都属于私域流量。普通人通常无法拥有大的公域流量，所以，私域流量更加重要。

而对于大部分刚启动线上赚钱模式的人来说，私域流量的一对一成交是最重要的。

大部分人可以直接接触的客户并不多，正因为如此，提高精准转化就变得非常重要。假如有人能触达 100 个客户，如果转化是 10%，就是 10 个客户；如果转化是 1%，就是 1 个客户，这个成交结果是有质的区别的。

所以，如果你想线上赚钱，就一定会涉及成交转化，如果你不掌握这种能力，就会发现业务真的很难开展。

常有人觉得销售成交和自己没有关系。其实无论你的职业是不是销售，你日常都在不停地做着销售——销售你自己。更何况，一旦你开展了线上赚钱业务，销售就是你天天都要面对的事。

销售成交是一门特别大的学问，值得每个人认真学习。对于企业和个人而言，销售成交力应该是最重要的生存能力之一。

第四大利器：朋友圈发圈能力

朋友圈是私域流量最重要的战场，如何发朋友圈才能带来成交，这是需要认真研究的问题。

很多人以为线上赚钱业务就是拼命地发朋友圈，他们把朋友圈当成一个广告垃圾场。但是这样发朋友圈带来的结果是，无论怎么刷屏都没有用，反而有可能被人屏蔽。

朋友圈其实就是你的店铺，代表着你的个人形象。你完全可以通过设计，将你的朋友圈打造成人格魅力的代表。通过包装和运营，你可以让别人即使是看广告也会追着看。只要别人愿意看、喜欢看，你发的广告就是有用的。会发朋友圈的人，朋友圈就是一个巨大的宝藏。

第五大利器：社群运营能力

吴晓波说，不做社群，未来无商可言。

私域流量有两个重要的阵地，一个是朋友圈，一个是社群。朋友圈是一对一的，社群是一对多的。

所以想要做好线上赚钱业务，你得学会运营社群。要想运营好一个社群，你需要深刻理解社群的精髓和运营方法，这一点我在稍后的章节会讲到。

我从三年前开始做社群，主导的社群有上百个，我深感社群力量之强大。一个做得好的社群，无论是活跃度，还是黏性和人际联结，都有着无可比拟的价值。运营社群能产生很强的竞争力，甚至可以产生商业壁垒。

第六大利器：一对多影响力

无论是社群还是直播，都属于一对多的模式。如果想在业务上有突破，你需要拥有一个特别重要的能力，那就是一对多影响力。

你和100个客户聊天，即使每天聊两个，也要聊50天。但是如果你能打造一对多影响力，也许只需要一场活动，你就能实现自己的目标。

很多人都想做直播带货，也想做社群，但是他们发现，即使做了结果也不好，为什么？因为缺乏相关技巧。

如果想建立一对多影响力，你最需要的是口才表达能力，也就是演讲力。

直播现在很火，你需要具备表达力、故事力（讲故事的能力）、表现力和成交力这几种能力，你能不能将产品特质和价值讲清楚，能不能利用故事穿透感性力量，能不能有超级符号的表现形式，会不会销售转化，这些都将直接决定结果。

在5G时代，口才表达能力越来越重要，拥有这种能力的人，将迎来打造个人影响力的最好时刻。

第七大利器：个人品牌打造能力

有一个可以带来百万、千万、亿万元价值的路径，那就是个人品牌。过去是以产品为中心的年代，消费者被称为客户；现在是以人为中心的时代，消费者被称为粉丝。客户只是单纯交易，买完就走。但是粉丝不同，他们会信任你、爱你，并长期追随你。

过去要打造个人品牌太难了，那是明星才能做到的事。但是在互联网时代，有很多平台和方法可以供我们这些普通人使用，它们给我们提供了打造个人品牌的机会。我很感谢自己当年对个人品牌具有的前瞻性看法，早在 2016 年年底，当我开始线上创业的时候，我就第一时间选择学习打造个人品牌。

打造个人品牌涉及多个维度，包括定位、包装、专业打造、运营、涨粉和变现。这几个维度都很重要，只有系统地运作，你才能构建个人影响力，才可以帮到更多人，才能因此拥有源源不断的生意。能做到这些，无论卖什么，你都是品牌。

很多人对个人品牌一知半解，其实它就是一种打造超级产品的方法，通过个人魅力和专业输出，解决一部分精准人群的问题。每个想要更好地开展线上赚钱业务、实现更大自我价值变现的人，都必须打造个人品牌，并将打造个人品牌作为自己终身的行为。

第八大利器：文案写作能力

线上和客户沟通的两大途径，一是文案写作，一是口才表达。

文案写作是一种批发成交的方式，尤其是在你无法精准触达客户、只能广撒网的前提下，这种方式就显得格外重要。我每个月都通过多篇商务文案进行销售转化，一篇好的文案，转化率可以高达 15%。如果缺乏文案写作能力，那么你很有可能颗粒无收。

我曾经在一篇文案中推荐过一名学员，那篇文章给她带来了上百位代理。如果你想更好地实现线上赚钱，你需要锻炼自己的文案写作能力，无论是写公众号长文案，还是写朋友圈短文案，或者写海报文案，这种能力都非常重要。

想要提高这一能力，除了学习就是多写多复盘，利用各种类型的文案不断进行测试，从而找到更好的转化方式。

第九大利器：商业闭环设计能力

商业闭环设计能力是一种让你的生意永续经营的能力，任何商业的核心都是商业闭环。你需要认真思考，如何才能让客户更长时间停留在你这里，你通过什么来实现和他们的持续联结。否则你和客户就是一锤子买卖，交易结束就结束了。

考虑商业闭环，请思考这四个问题：如何做到客户不断迭代？产品如何设计闭环链？服务如何进行配套跟进？成交闭环该如何设计？如果想不清楚这些问题，生意就很容易进入死胡同。

很多人认为销售就是卖货，其实远不止于此。不要把销售成交想成一个简单的行为，真正的销售高手，永远在思考商业闭环设计。

第十大利器：内容生产能力

你可能要问，线上赚钱为什么要有内容生产能力？要想做好线上赚钱业务，任何产品都要设计内容。

无论是微信销售、社群销售还是直播带货，都要有内容。只有内容才是价值输出，而价值输出是吸引粉丝的关键。没有内容，你就是一个只懂卖货的渠道，不会有什么价值。

假如你是卖护肤品的，你只会干巴巴地卖货，那么你将陷入价格战或无趣的刷屏中。即使你建立一个免费秒杀群也未必有人感兴趣。但是如果你会做内容，比如你有护肤小课堂，或者护肤知识，别人就愿意跟着你学，你的直播就有人看，你的社群就能吸引人加入。

如果你是自己孵化产品，那么内容更要有硬核。以我为例，我是个老师，我需要不断做出有价值的内容，才能吸引更多学员，所以内容生产非常重要。

看到这里，你是不是开始产生疑问，为什么别人赚钱很容易，而轮到自己是另一个版本？同样的产品，有人月收入 10 万元，有人颗粒无收，为什么？无他，就是商业思维和核心能力的差异。

电影《教父》中有句台词："花半秒钟就能看透事物本质的人，和花一辈子都看不清的人，注定是截然不同的命运。"

如果你想做好线上赚钱业务，当你知道自己缺乏哪方面的知识时，就应该鼓起勇气去学习，每解锁一项技能，你就离成功更近一步。所以，坚定目标一步步往前走，总有一天你会成为线上赚钱的高手。

/ 本章小结 /

在这一章中，我们讨论的重点是如何为开启线上赚钱业务做准备。那要如何准备呢？

- 保持良好的状态：有足够的耐心去坚持，拥有相应的资源支撑，包括资金和时间。
- 拥有充足的时间：做好手头重要的事；搞好人际关系；做好时间管理，学会将碎片时间整体化。

- 把心态调整到位：摘掉负面标签，突破自我限制，培养自我认知能力，提高自我价值认可，不断进行自我激励。
- 线上赚钱十大利器：对线上赚钱能力有通盘了解，进行有针对性的提高。

读完这一章，我想请你思考下列问题：

√ 你如何调整自己的状态？

√ 为了让你有更多时间从事线上赚钱业务，你打算怎么做？

√ 你打算如何让自己充满自信地迎接挑战？

√ 看完线上赚钱十大利器之后，你下一步想针对哪一点来提高自己？

/ 第 三 章 /

精准定位篇：

找准定位，事半功倍

在传播过度的社会中，获得成功的唯一希望，是有选择性，集中火力于狭窄的目标，细分市场。一言以蔽之就是定位。

——**《定位》**

专业清单：
充分挖掘你的现有优势

我有很多学员和粉丝都想开展线上赚钱业务，但是在开始之前，他们都会问我这样的问题："薇安老师，我完全找不到方向，该如何起步？"

我的学员 Lucky 喜欢的东西很多，她告诉我，她的主业是服装设计，线上赚钱业务是卖护肤品，她对瘦身很感兴趣，下一步还想打造育儿标签。

她想做的事太多了，我建议她做一下取舍。她说哪个都挺好，都舍不得放弃。她找不到精准定位，因为什么都想做，所以哪一块都做得不太好。

我的另一个学员阿善，和 Lucky 情况恰恰相反，她找我咨询怎样才能开拓线上赚钱业务。我问她，"你的特长或能力是什么？"她说："我没有特长，我什么都不懂。"总之，她非常焦虑，一筹莫展。

她们都渴望改变自己，但是都被一个东西给拦住了，那就是对自己的定位。

在讲定位之前，我想和你分享我朋友夏如的故事。

夏如是一家小型烘焙店的老板，4 年前经朋友介绍我认识了她，那时她在一个非常偏僻的地方租了一个小门面，卖面包和蛋糕。

她每天都非常勤快地发朋友圈，告知大家今天她做了哪些产品。由于我们两家住得比较近，有时我下单了，她会亲自送过来。

她对我说，这辈子什么都不会，就对烘焙感兴趣。她为此专门去学习，她给自己的店取名为夏如法式西点。

她的产品定价从一开始就很高，比普通的西点要高出至少 50%。但是她的产品经常创新，品种多，质量上乘，所有吃过的人几乎都会回购。她的朋友圈每天都会更新，后来她招了一个助理，帮她在线上发照片和接单。

她的生意越做越好，两年后就把小店搬到了市中心的旺铺。烘焙师傅也从一个人增加到 8 个人。我关注了她的线上助理号，发现她每天的西点产量很大。但是以她的店面规模，是不可能消化这么多订单的。于是我问她，她的产品都是怎么销售出去的。

她告诉我，她的产品主要通过线上销售。由于她的产品定位高端，所以一开始就吸引了一批精准优质客户，后来她长年供应西点给各大五星级酒店。尽管价格贵，但是业务越做越大。

夏如为什么能成功？我们来详细剖析一下。

首先，夏如打造了个人品牌。她的店铺名字就是她自己的名字，这样就让消费者对她的产品有了天然的信赖感。

其次，夏如从一开始就将她的店定位为法式西点店。不仅定位高端，产品和定价也相匹配。

再次，夏如非常聚焦，她只做法式高档烘焙，这样她能开发更多的好产品。

最后，夏如非常重视线上宣传，她从 4 年前开始就把线上销售作为主线。

因此，当你想实现线上赚钱时，你必须思考自己的定位。定位是打造个人品牌非常重要的一步。可以说，没有定位就没有个人品牌。涉及个人品牌，这又是一个大话题。

我为什么要和你讲定位呢？因为在我带出的上万名学员中，那些能找准定位并长期聚焦的人，往往更容易取得成功。如果你做的业务和你自身相匹配，这个匹配指的是产品和你的能力、优势或兴趣点相契合，就能产生聚合效应，你就能快速起步并实现腾飞的目标。

定位最重要是对自身情况进行梳理、挖掘和培养。

如何找定位呢？接下来我向你介绍一个重要的定位方法：**专业清单法**。

你可以先对你的专业做一个全盘梳理。很多人会陷入一个误区，认为自己所学的专业或所从事的领域，完全不值得一提，都想另辟蹊径。但其实，这往往是浪费资源的一种做法。你真正应该做的，是充分挖掘你的现有优势。

我的一个学员在金融领域工作，她做了一个英语产品的代理，但是效果很不好。当她向我咨询时，我的第一个问题是："你的英语水平高吗？"她说非常一般。我问她："你为什么要做一个自己不擅长的产品呢？为什么不做有能力有优势的产品呢？"

她听了之后很吃惊，有种顿悟的感觉。她告诉我，她对自己从事的金融领域很感兴趣，但是从未想过要做与这个领域相关的业务，她主观地认为这块儿没有人会感兴趣。

与金融相关的内容，感兴趣的人很多，可以做的事也很多。

去做能发挥自己专业优势的产品，起步会容易很多。

我有位学员在公司负责进出口贸易，客户都来自欧美国家。她的英语非常好，通过了英语专业八级考试。她平时对育儿很感兴趣，日常也在教小朋友学英语。

刚开始跟我学习时，她并没有急于开拓线上业务，因为我一直在和她探讨她的兴趣和特长所在。后来我根据她的优势，提出的定位建议是亲子教育专家。在我的帮助下，她成功地招募到第一批学员，举办了亲子沟通训练营。

之后她发现了一个在线少年英语教育产品，她的儿子使用后英语得到大幅提升，于是她决定成为该产品的代理。结合自身英语优势，以及亲子教育专家的定位，在成为代理后的第二个月，她就成功地实现了十几万元的营收。

这就是一个产品、自身优势和定位完美匹配的案例。由于她一直在做亲子教育，在妈妈圈有一定的口碑，同时她自身的英语水平和教育经验都非常有说服力，所以她能快速起步。

因此，在找定位的过程中，你需要找一个时间，静静地梳理你的特长和专业，把所有相关信息列出来。**这个列表可以分成**三**类：专业特长，职业特长，其他特长**。

以我的这位学员为例，在起步之前，她一度苦恼找不到个人价值变现的方式。我帮她梳理的专业现状为：

专业特长：英语专业八级。

职业特长：沟通能力，表达能力。

其他特长：亲子教育，少儿英语教育。

分析上述清单，我发现了她的专长。她可以从事的领域很多，英语教育、亲子沟通教育、演讲或沟通培训，这些都是她能够打造的线上赚钱业务。

因此，对于我的学员而言，她可以做线上知识付费产品，也可以代理与自己的特长相匹配的产品。

所以，当她成为这个英语产品的代理后，她会比一般人更有优势。

如果你想找到自己的定位，就可以采用这样的专业清单方式，挖掘你的现有优势。人们很容易陷入“知识诅咒”，即自己懂的东西，会误认为别人都懂。归根到底，他们觉得自己的专业没有价值。

事实绝非如此，认知差和信息差普遍存在，只要你能够提供价值给别人，帮助别人解决问题，你的价值就可以变现。

我的另一个学员勤姐，是一名项目经理。当她向我咨询个人定位时，我和她探讨了她的专业现状，分析如下：

专业特长：无。

职业特长：项目管理。

其他特长：减肥。她采用健康饮食的方法，一年减重 30 斤。

这样梳理之后，我们得出一个初步的双定位：项目管理和健康减脂专家。之后她在我的指导下进行市场测试，找出一个最优的定位。

她原以为项目管理大家都懂，没什么吸引力。没想到在我们的线下课堂中，她刚推出这门微课，就有十几个人买单。后来她又开设减脂营，代理减脂产品，慢慢地启动了她的线上赚钱项目。

所以，看到这里，我想请你停下来，认真梳理你的专业现状。你有没有陷入“知识诅咒”？有哪些东西是你可以用心挖掘，成为你可变现的价值的？

在分析自己的专业现状的时候，我希望你能记住以下两个原则。

价值锚定

什么样的东西有价值？就是它能解决别人的问题。如果你的专业能够帮到别人，仅凭这一点，它就是有价值的。

专业锚定

什么样的专业才能被称为专业？很多人最习惯做的事就是自我贬低，认为自己的专业不值一提。如果总是和别人比，你就会发现你永远没机会，因为世界上大部分领域都有人做了，而且有很多做得顶尖的人。所以你要客观地看待这一点：只要你的专业比你身边多数普通人都强，它就是一种专业。

因此，你要对自己的现状做诊断分析，看看自己有哪些专业和特长，如何才能充分发挥这些优势，让它们为你带来价值。

定位策略：
三招教你找到精准定位

学员阿善的苦恼是没有专长。阿善是一个全职妈妈，她毕业两年就结婚了，之后没出来工作过。但是这几年她和先生的关系很紧张，为了以后不至于太被动，她迫切地想开展自己的线上赚钱业务。

像阿善这样在专业清单中找不到专业特长的人，应该怎么办呢？又或者，他们对自己的专业实在不感兴趣，该怎么办？

在这一节中，我将介绍三种方法，帮助你找到自己的定位。

第一招：兴趣清单法

我的前同事叫阿 May，她是我前公司的市场营销总监。白天努力地工作，带着团队做了很多漂亮的企划案，帮助公司成功发售新产品。业余时间，她在做一个线上项目：马甲线训练营。

我是无意中发现她的线上业务的。刚巧我的学员在朋友圈转发了她的海报，于是我调侃阿 May ："没想到你竟然是一个马甲线达人。”她笑着回答我：“健身是我的一个爱好，我一直在一家健身中心做兼职健身教练，已经做了 3 年。”

她告诉我，虽然她的主业是市场营销，但她真正的兴趣爱好是健身。由于她一直在做兼职健身教练，所以有非常多的客户，现在她在开拓自己的线上健身训练营，未来的计划是全职做健身业务。

阿 May 的故事说明，有时候我们可能是某个领域的专业人士，但是这不一定是你真正的兴趣所在。所以当你觉得很迷茫的时候，除了从专业领域去做清单分析，你还可以思考自己的兴趣到底是什么。

一个人如果可以把兴趣爱好变成事业，对他而言这就是一件非常幸福的事。我之前在企业里担任高管，但是我真正的兴趣是当老师。即使在职场，我也在教我的员工各种技能。所以，我出来创业选择当老师，我做的就是我最喜欢的事，即使工作很忙碌，我也感到非常愉快。

谈到兴趣，有人可能会有很多兴趣，就如前文我的学员 Lucky 一样，她有许多兴趣爱好，如减肥、护肤、育儿、服装设计等等。所以，对于兴趣爱好很多的人，最为苦恼的事是如何做出主次区分。正所谓样样行，样样松，全部同等重要，会导致你不够聚焦。

那怎么办呢？

你可以采用兴趣清单的方法。**把你感兴趣的领域全部列出来，然后用兴趣度、专业度、价值度这三个维度进行分析，它们的最高分值都是 10 分**。你可以用这种方式，给自己的兴趣进行客观评分。

一个叫菲姐的学员告诉我，她有四个兴趣爱好，分别是普洱茶、跑步健身、护肤和做蛋糕。她说，这几样她都很喜欢，但是没有一样能赚钱。于是，我和她用兴趣清单法帮助她找定位（如表 3–1 所示）。

表 3–1　兴趣清单

项目	兴趣度	专业度	价值度
普洱茶	8	6	6
跑步健身	8	2	2
护肤	6	3	5
做蛋糕	6	6	2

菲姐给普洱茶打了 8 分，这就意味着她对普洱茶的兴趣最大。同时在专业度上，她打了 6 分，这说明她还比较专业。

什么叫价值度？价值度就是把兴趣作为可变现项目的把握程度，最有把握的是 10 分。她给普洱茶的价值度打了 6 分，因为她日常就在卖普洱茶，也赚到一点儿钱。所以她认为普洱茶这个项目可变现的前景还是不错的。

跑步健身的兴趣度和普洱茶并列第一，但是她认为自己只是单纯喜欢，完全不专业，因此，她对这个项目是否能变现没有信心。

兴趣度排名第二的是护肤，菲姐认为，她可以通过销售护肤品来变现，但是在这个领域她不专业，兴趣度也一般。

最后一个是做蛋糕，菲姐做得一手好蛋糕，但是她觉得靠手工做蛋糕，变现的可能性非常低，因为个人产能十分有限。

通过全面分析兴趣清单，我们发现，很明显，菲姐在普洱茶项目上很有优势。无论是在兴趣度、专业度，还是在价值度上，她都应该把普洱茶作为核心业务，并聚焦于这个项目。

因此，结合菲姐的普洱茶项目，我给她做了一个定位标签——最懂普洱茶的云南姑娘。接下来她要做的就是做减法，聚焦于普洱茶，从产品、模式、营销的角度推广产品。

菲姐边跟着我学，边开始运作，仅用了一年时间，她就推出一系列自己的普洱茶产品，线上打造个人品牌，线下进行茶叶体验服务，光代理就有 100 多家。你一旦聚焦于某项业务，就容易找到其突破口。

那么，你的兴趣爱好是什么？不妨给自己做一个兴趣清单，找出你最有价值的兴趣所在。

第二招：榜样学习法

有些人兴趣爱好太多，有些人则找不到兴趣爱好。在我的学员中，没有兴趣爱好的也不少。

如果你真的找不到自己喜欢的事物，那么我建议你去找你喜欢并欣赏的榜样，然后靠近他们，学习他们的思维方式、品格和技能，通过向榜样学习来挖掘甚至激发你的兴趣。

具体怎么做呢？你可以采用榜样学习四步法。

第一步：找到自己欣赏的榜样

你身边或网络上总会有你喜欢的人，可能是他的成就让你仰慕，或者他的某项技能吸引了你，或者他的故事打动了你。总之，你视他为灯塔和榜样。也许你的榜样不止一位，没关系，先写下他们的名字。

第二步：分析他吸引你的原因

你不会无缘无故喜欢一个人，所以他一定有吸引你的地方。因此，写下他最吸引你的几个方面：他有什么特别突出的能力？他有什么项目让你感兴趣？他的什么品质让你向往？

第三步：拆解他成功的经历

既然欣赏这个人，就应该了解他的成功经历。这个世界上大部分成功的人，都是白手起家的。所以研究一下他成功的原因，看一下他抓住了怎样的机遇，他的经历对你有什么启发和借鉴意义？

第四步：思考你如何成为他

喜欢一个人，就希望成为他的样子，这就是追求共性的原理。你不是真的要成为他，而是通过向榜样学习，找到自己未来的方向。你可以把榜样作为对标，深入榜样的领域。

比如我教演讲、销售和个人品牌，我有个学员在课堂上把自己称为“小薇安”，她说她要跟着我持续学习，我所教的都是她感兴趣的，她要复制我的成功模式。

如果你已经找到自己的榜样，就请尽可能地靠近他们，近距离向他们学习。通过持续地跟榜样学习，你有很大的机会找到你的兴趣点。

以前我对心理学没有概念，一次偶然的机会我走进一位心理学老师的课堂，老师渊博的知识和高贵的人品让我非常敬佩，于是我对心理学产生了浓厚的兴趣，下决心学好心理学，帮助更多学生活出自我。这就是榜样的力量。

如果你还没有找到榜样，那么请带着目标去寻找你的灯塔。

第三招：细分领域精钻法

有一天，我的学员东东拿了一张写满字的草稿纸来找我。她对我说："老师，我想从事亲子教育。我做初中班主任已经十多年了，我带出的很多学生都考上了 985 大学。所以我想帮助父母培养优秀的孩子。"

我对她说："这个想法很好，那么你想做哪块儿市场？"她费解地望着我说："老师，我说了呀，我想做亲子教育。"

我说："亲子教育是个很大的领域，孩子从出生到 18 岁的教育都可以被称为亲子教育，你需要细分。"

东东说："细分受众是不是范围太小了？我怕客户不够。"

很明显，东东担心的正是多数普通人会陷入的误区，那就是想大而全，恨不得所有人都是自己的客户。

但是，想要做好定位，就必须摒弃大而全的想法，选择一个细分领域，在这个领域做出专业和特色。

定位大师特劳特说过："在传播过度的社会中，获得成功的唯一希望，是有选择性，集中火力于狭窄的目标，细分市场。一言以蔽之就是定位。"

所有做得好的人，都是在一个细分领域做出成绩而为人所知的。就如淘宝主播李佳琦，他被称为口红一哥。现在，人们只要买口红，就会想到他。

做细分市场的好处在于你可以非常聚焦，因为聚焦才能专注，专注才能专业，而专业是做好事情的根本。

你根本不用担心市场太窄没有客户。中国人口众多，只要能吸引一部分客户，你就足够让自己的业务转起来了。最怕的就是你没有一件事能做到专业，就算 10 亿人口给你做客户基数，你也吸引不来客户。

所以，把自己的定位锁定在细分领域，成为这个领域的专家，做好一个点，再采取以点带面的发展策略，这样你会更容易找到适合你的定位。

开始起步：
六点帮你实现快速起步

在前几章，我介绍了八大类线上赚钱项目。如果将它们再归大类，可以分为三类：销售产品、知识付费、专业技能。专业技能主要指提供专业技能在线上赚钱，比如做海报、PPT（演示文稿）、视频剪辑等，这里不再展开叙述。

我将重点讲销售产品和知识付费产品，因为这两类是线上赚钱项目的主流，你一旦做好，你的收益就会非常可观。

如果你在某个领域有专长，那么你可以通过知识付费开展线上赚钱业务；如果你更喜欢或更擅长销售产品，那么你可以通过销售自有产品或做代理开展线上赚钱业务。

开展知识付费项目的第一步，是找到自己的精准定位，并开始孵化自己的 MVP（最小化可行产品）。

迈出销售产品的第一步，是找到自己的精准定位，销售自己喜欢并让自己受益的产品。

无论是做知识付费产品还是销售代理产品，做好以下六点能帮助你迅速起步。

做你喜欢或擅长的事业

你所从事的事业，应该是你喜欢或擅长的。只有喜欢，你才能坚持下去，而擅长可以让你更快起步。

很多人问我销售什么才好，我会告诉他们，把你自己当成消费者，如果这款产品你使用后受益并且愿意推荐给你的朋友，你就可以销售这款产品。

如果感兴趣但不太擅长，而擅长的又不太喜欢怎么办？这是很多学员问我的问题。

在我看来，想，全是问题；做，才能解决问题。

我的一个学员很喜欢心理学，但是不专业。她是一家服装公司的服饰搭配师，擅长形象管理，但是她不太喜欢这个行业。

当她向我咨询时，我建议她先从擅长的专业起步，然后同步学习心理学。这样假以时日，她累积的经验必将为心理学所用。当我这么为她规划后，她便不再纠结了。

哪里能让你尽快开始行动，就从哪里着手。短期先解决生存问题，长期再去实现理想。

如果你没有擅长的，也没有喜欢的，那么我建议你不要贸然开始。这说明你还没有准备好，你很有可能因为遇到困难半途而废。所以这时候请你回到上几节，认真思考并制订你的行动方案。

做真正对他人有益的事

我的人生价值观是，努力做到这个世界有人因为你的存在而变得更好。因此，无论做什么，我们都应该秉承“你好，我好，大家好”的目标。在你销售产品之前，要问问自己：“这个产品足够好吗？它真的解决了我的问题吗？它能帮到更多人过得更好吗？”

你需要寻找那些你销售起来非常有底气的产品。只有拥有对自己和他人负责的态度，你才能勇往直前，不畏挫折。这是一种责任感，更是一种使命感。

想清楚你的客户画像

什么叫客户画像？所谓客户画像就是你的客户群体。你可以从以下几个方面思考：

我要吸引的人都是什么样的？

他们是男性还是女性？

他们身处一、二线还是三、四线城市？

他们都处于什么年龄段？

他们主要从事什么职业？

他们的核心诉求是什么？

你需要回答这些问题。客户画像越清晰，你越能快速找到精准客户。

我的学员曾经对我说，中国所有女性都是她的潜在客户。这样宽泛的客户画像等于没有画像。

只解决一个核心问题

在刚起步时，你的定位就是在细分领域解决别人的一个问题，这样有利于你快速起步。

我的很多学员之所以迟迟不敢开始，是因为想得太多，总觉得要解决别人很多问题，自己才有价值。

学员小烁一直想不清自己的定位，她想教别人赚钱，又想帮助别人解决护肤问题，还想改善别人便秘的问题。想得太多，反而不知从哪里入手。

我对她的情况仔细分析后，让她先定位为“瓷娃娃肌肤打造专家”，其他的暂时不考虑。她一旦确定了定位，就能立即采取行动。

在解决好一个问题并获得客户的好口碑之后，你再考虑后续的产品和定位延伸。

聚焦于专业打造

无论销售什么，你都需要专业。我有一名学员很喜欢形象设计，想开线下服装店。在我看来，她的定位很清晰，就应该是形象打造，线上提供形象咨询和课程，线下提供服装购买。但是她迟迟不敢行动。经过详细了解，我才知道原来她的纠结点是她对自己的专业知识缺乏信心。

认为自己不够专业，这是很多人都有的问题。没错，要想做得好，的确要专业。但是你不能等到你的专业彻底成熟和完美时才开始做，因为永远没有那个时候。

所以，最好的办法是一边做，一边学习，一边成长。在你有60%~70% 的把握时，你就应该行动。然后在做中积累经验，同时聚焦于学习，不断成长。

有位佛学大师说过一句话："任何人只要在一个领域潜心学习和研究五年，就能成为那个领域的专家。"

事实上，很多人不需要五年，两年就够了。关键点在于，你能不能真正花几年时间，一边做，一边持续精进，一门心思深入下去。

以平常心寻找种子客户

当你要启动线上赚钱业务时，最大的困境可能是一开始找不到客户。

众所周知，想把生意做好，是不能只靠亲戚朋友的。但是在开始阶段，你真的没有客户，这时你的确需要熟人的支持。

我最早做公众号的时候，就是靠朋友的转发累积了初始的上千粉丝。如果你的微信好友人数很少，你要做的是除了发朋友圈宣传，还应该私聊一些朋友，寻求他们的帮助。

假如你要开一个少儿写作提高班，专门针对小学生，那么你该如何寻找自己的种子客户呢？通常有以下两种方式。

找到你认为的潜在精准客户

朋友圈里小学生的妈妈就是潜在客户。这时候，你可以去问她们："你有没有兴趣让你家孩子来参加呀？"

你比较信得过的朋友

他们虽然不是精准潜在客户，但是你可以找他们帮助推荐。

你可以和他们沟通："你身边有没有小学生的家长有这方面的需求？能不能帮我转发推荐一下呀？"

为了让别人更好地帮你，你应该设置一个特殊的低价。如果正常售价是100元一节课，通过朋友推荐的，你只收50元，或者让他们免费上一节课。这样，你的朋友无论是购买或转介绍，都更容易成功。

我刚开始在在行做一对一咨询时，由于没有客户背书，业务一时无法破冰。于是我找到一位有需求的朋友，免费为他提供演讲咨询服务。

他学习后觉得受益匪浅，于是我又给他一个非常低的价格，希望他能帮忙介绍有需要的朋友，后来他介绍了公司十多位同事参加我的培训。就这样，我的事业在朋友的帮助下起步了。

找熟人要记住六个字：诚恳、特价、感谢。

你不妨坦诚地和信得过的人交流：你做了这么一件事，不知道她感不感兴趣，能否帮忙推荐转发给有需要的人。

你只需要诚恳地表达你的需求就可以了，别人不一定回复你，这无关紧要。在这个阶段，你不需要太多客户，几个客户能帮你起步就够了。

在找熟人做种子客户的时候，你最好能提供特价优惠给别人，也就是别人帮助你，他们应该得到一些好处。我刚开始做咨询时，对于那些熟人朋友，我要么不收费，要么只收很低的费用。这样做就是为了找到种子客户，用他们做市场验证和客户背书。

最后是表示感谢。刚开始时，别人都是基于好感和信任帮助你，一定要带着感恩的心。我刚开始做公众号时，为了感谢朋友们转发文章推荐，我发了无数红包，粉丝每涨100个就发红包，连着发了很多天。你应该真心感谢那些在你一无所有时愿意帮助你的人。

真诚了解他们对你的产品使用后的反馈。如果是好评，就是一个很棒的客户见证。反之，你必须知道该改进哪些地方。

当你刚起步时，可以尝试找亲朋好友做种子客户。不过，即使别人不帮你，你也要保持平常心。如果你没有这种成熟的心态，一旦被人拒绝，就会因为不被理解而倍感痛苦，甚至埋怨对方。

要始终谨记，在你没有成功之前，别人帮你是情分，不是义务。有人帮是好事，没人帮是常态。

/ 本章小结 /

这一章我们重点探讨了如何帮你找到适合的定位，这是帮助你快速起步的关键一步。

- 专业清单：通过专业清单法，深度挖掘和发挥自己的专业优势。
- 定位策略：通过兴趣清单法、榜样学习法和细分领域精钻法，找到你的精准定位。
- 开始起步：做到六个关键点，迅速开启你的线上赚钱业务。

读完这一章，我想请你思考下列问题：

√ 你是否可以发挥自己的专业优势，找到价值变现的定位？

√ 你能否找到一个最具发展价值的兴趣爱好点？

√ 你倾向于开拓哪几类线上赚钱业务？

/第四章/

朋友圈运营篇：

打造你的精品店铺

印象管理是指一个人通过一定的方式，影响别人形成的对自己的印象的过程。

——《象与骑象人》

个人包装：
做好三步让客户主动找你咨询购买

麦子是一名从事微商的宝妈。她来参加我的线下课，她问我："薇安老师，为什么我做什么都不成功？前年我做社交电商，连平台上火爆的产品我都卖不出去。去年我经人介绍，选择了一款特别火的微商产品，买了 10 万元的货，几个月过去了，大部分都还囤在家里。我发朋友圈没什么效果，这是怎么回事呢？"

我对她说："你先回答我两个问题，第一，你的微信好友有多少人？第二，你平时是怎么发朋友圈宣传的？"

她说："我好友有 300 来人，我每天会发十几条商品推广信息，但是经常一条留言都没有。"

她这么一说，我就知道问题出在哪里了。

不会经营朋友圈，线上销售做就做不好。

朋友圈是我们个人最重要的阵地。微信沉淀下来的粉丝现在被称为"私域流量"。这个流量非常重要，它是属于每个人自己的流量，别人拿不走。

张小龙 2019 年在微信公开课上说过，朋友圈发布了六七年，到现在进入朋友圈的人数每天还在上升，有 7.5 亿人每天都刷朋友圈，一天能刷十几次，总数是 100 多亿次，它是中国人线上最高效的社交工具之一。

可以说，朋友圈至今仍然是消费者获取信息最好的方式之一。所以，如果你想更好地开拓你的线上赚钱业务，你就必须学会正确地经营朋友圈。

朋友圈最常见到两类人，一类人把朋友圈当成自己私生活的一部分，平时很少发圈，更不会用来做产品推广。另一类人把朋友圈当成广告圈，发出来的全是广告。

这两类人对待朋友圈的做法都有一定的问题。我一直认为我们无法将工作和生活完全区隔开，事实上，工作就是我们生活的一部分，而朋友圈代表了人格化的你。

打个比方，假设你是一家店的老板，朋友圈就像你在某个地方开了一家店。这个地方有多热闹取决于你朋友圈的人数。如果你有 5 000 个好友，就等于你在有 5 000 人的闹市区开了一家店；如果你有 300 个好友，就等于你在 300 人的郊区开了一家店。

这意味着什么？

首先，开在闹市区会被更多人关注。所以朋友圈人数很重要。

其次，这个店的装修、日常商品展示和服务都很重要。店铺品位显示的是主人的品位。

很多人一旦开始创业，就会意识到朋友圈的重要性。但是自己一没有人脉，二不懂方法，所以病急乱投医，一通乱发，不但没有效果，反而会被人拉黑。

所以，朋友圈就是你自己的精品店铺。当你要开一家店时，你要先对这个店铺进行装修，这个装修需要体现出你的格调和风格，并且你还要适当地做一些活动，以盘活你的潜在客户，让别人觉得这个店很有活力。

同理，当你走进一家店铺时，你也会通过店铺的风格对主人进行判断。店铺需要包装，你的朋友圈同样需要包装，朋友圈包装就是个人包装。

在个人包装上，我想重点强调一个词：**高价值人设**。

什么叫人设？人设就是人物形象设定。每部小说、每部电影都有主角，他们都有一个鲜明的人设。拿很火的电影《哪吒之魔童降世》来说，他的人设就是“我命由我不由天”。此外，名人都有人设。

在强调个性化、精品化的时代，你需要想一想你的人设是什么，然后按照人设进行个人包装。

个人包装可以从以下三个方面进行。

请慎重对待你的名字

我有个学生叫“不减肥十斤不改名字”，他向我咨询如何才能做好销售。我的回答是：“你先改个微信名。”

很多人不重视自己的微信名字，下面我举一些错误的示例。

有人取名 A 某某。取 A 的人往往是想让自己的名字在别人的微信好友名单里排在最前面，但这样的名字给人感觉很功利，仿佛无时无刻不在提醒别人：你要和我联系。

有些人连名字都没有，名字那里是个空白。这真让人匪夷所思，你连名字都没有，让别人如何重视你呢？还有些人的名字取得非常古怪，有各种特殊符号、表情符号符，例如一个逗号或是一朵花，等等。这样的名字，都不知道怎么称呼，实在无法给人留下深刻印象。

个人形象是方方面面的，你的名字也是最重要的形象之一。名字是我们个体的代表，你重视自己，别人才会重视你。

所以，请慎重对待你的名字。什么样的名字是好名字？请记住五个字：**真实有个性**。

先讲真实，真实的名字会让人觉得你是一个真实存在的人。由于线上看不到人，所以真实感特别重要，别人只有信任你才愿意和你做交易。所以，你需要让人感受到你存在的真实性。真实的名字让人有一种天然的信赖感。而真名也是打造个人 IP 最常见的做法，比如樊登、罗振宇、李佳琦、薇娅等。

再来讲讲有个性，当今时代不怕你不漂亮，就怕你没有辨识度。所以，取个让人容易记住的网红名是不错的选择。比如 papi 酱、雪梨、同道大叔等等。

想一想，你的名字取对了吗？你一定不要用那些负面的、有损个人形象的名字。店铺名非常重要，个人名字也一样。同时，你不要经常更换名字，它是我们重要的身份标识，有着累积信誉的作用。

请让你的形象为你代言

我刚开始做销售时，负责大经销业务。那时我的前辈就提醒我，砸锅卖铁也要给自己买一套好衣服，这样去拜访客户才有底气。

《象与骑象人》一书提出“印象管理”的概念。印象管理是指一个人通过一定的方式，影响别人形成的对自己的印象的过程。书中提到，在真实的人生中，我们不是针对别人的行为做出反应，而是依据自己心中认为的别人的行为做出反应，而真实行为及个人认知两者间的落差，要靠印象管理的技巧去弥补。

如果生命是“你认为它是什么，它就是什么”，那么你为什么不多花些时间打理自己的外表，让别人相信你是个有德行又值得信任的对手呢？

几乎所有的销售高手都很注重自己的个人形象。因为对于陌生客户而言，他们往往根据你的形象做出初步的判断——你值多少钱。这个判断决定了他们向你买单的产品价值的高低。因此你要对你朋友圈的形象进行印象管理。你是谁不重要，你像谁才重要。

那么你该如何打造你的朋友圈个人形象呢？

最重要的一点在于，你的形象应该和你从事的行业相匹配，你应该为你的产品代言。

做美容产品的，应该拥有细腻的皮肤；做减肥产品的，应该保持苗条的身段；做服装行业的，应该具备时尚的品位；做教师的，应该表现出专业的形象。

基于这样的大原则，你首先应该设计好朋友圈的个人头像。

你最好去专业的摄影机构拍一张形象照。这个形象照非常重要，只要从事销售行业，无论需不需要在朋友圈推广产品，你都应该展现与行业相匹配的专业形象。

对于不从事销售行业的人来说，用生活照是没有问题的。但是如果你想销售业绩更好，想要有溢价能力，想营造高大上的形象，那么去拍摄一组专业的照片显得尤为重要。

如果你从事知识付费项目，就应该拍专业的正装形象照。

如果你从事与美相关的行业，就应该拍比较漂亮的艺术照。

如果你是做健身业务的，那么你的形象照应该能够突出你良好的身材。

如果你是做宠物食品的，那么你的形象照可以是和宠物合拍的美好画面。

总之，使用与你从事的行业相匹配的专业形象照，这是建立客户信任感的重要手段。

塑造专业形象不是一蹴而就的。随着职业的发展，你应该不断更新迭代。这就像店铺隔段时间就需要被重新装修或排列一样。时刻与时俱进，才能给粉丝或客户带来新鲜感。

我从打造个人品牌初期开始，使用的就是专业形象照。之后，我每年都会拍几次，有时是为了节日喜庆，有时是为了某个课程或活动。打造专业形象是一种长期行为，当你用很满意的照片做头像时，不仅是别人会对你的印象有焕然一新之感，而且你自己会瞬间信心大增，感觉自己比以前更有价值了。

请重视你的朋友圈广告位

当你去一家商场时，你会发现商场里最重要的位置不是在陈列爆品，就是在做广告宣传。我在企业做销售高管时，要求团队做的一个非常重要的工作，就是拿到商场重要的广告位。而我们的朋友圈有个极佳的广告位，就是朋友圈背景图，这一点几乎很少有人重视。

我的朋友圈背景图，是我做线下演讲导师时的照片。有一天有个人加我微信，他说是我的邻居，一开始我很纳闷，邻居加我干什么呢？他加了我之后说：“我看你的背景头像是做演讲的，我这方面很缺乏，所以我想报你的演讲课。”第二个月，他真的来参加我的演讲课了。

当一个陌生人想看你朋友圈时，就算你屏蔽了他，他也能看到你的朋友圈背景图。而当别人翻朋友圈想对你有所了解时，他第一眼看到的也是你的朋友圈背景图。我把这个称为**朋友圈最重要的广告宣传海报**。

对于做生意的你来说，这个背景图你可不能浪费。它占了近半个屏幕，你完全可以用它来宣传你本人的形象和你所从事的工作。

具体该怎么做呢？我有以下三个建议。

一是照片，你是谁？找一个设计师帮你设计背景图，放上你的专业照片。

二是定位，你是做什么的？比如，写上我是 ××× 销售专家。

三是价值，你能帮别人解决什么样的问题？比如，我可以帮你打造你的销售和成交能力。

除了背景图以外，朋友圈还有一个广告位，**个人签名处**。很多人的个人签名处要么空白，要么是一句座右铭。

如果你要从事线上销售工作，我建议你将这个广告位充分利用起来。我本人的签名就是一个身份标签：QUEEN 时代创始人。其实我也可以放很多标签，但现阶段我认为这个标签对我来说是最重要的，所以我把关键位置给了它。如果你是做减肥产品销售的，你可以在签名处写上：专业减肥顾问。

总之，你应该重视广告宣传，朋友圈是可以宣传你或你的产品的重要阵地，你应该巧妙地利用起来，不应该浪费。

打造朋友圈：
打造充满个人魅力的朋友圈

在做好个人包装后，你就要开始进行朋友圈打造了。个人包装相当于我们的朋友圈店铺装修，装修后就可以进行日常运营了。有人会质疑，现在还有人看朋友圈吗？是不是都去抖音、快手了？我们参考了一个官方数据，10亿人在使用的微信，每人平均花在微信上的时间是每天30分钟。这说明看朋友圈的人还是非常多的。至少我的学员和我本人，仍然把朋友圈看成线上赚钱业务最重要的阵地。

很多人发朋友圈担心没有人点赞，也没有人留言，担心发朋友圈没有任何效果。有这样的担心是可以理解的，但是这不应该成为你不发朋友圈的理由。

如果你想开启线上赚钱业务，那么你最应该学会的能力是如何聪明地发朋友圈。无论有没有人点赞，有没有人留言，你都不要犹豫。很多时候，发广告类的朋友圈，点赞或留言的常常寥寥无几。但是这并不妨碍潜在客户对你感兴趣，甚至购买你的产品。所以发朋友圈的技巧特别重要，你不应该等到粉丝多了才开始，而是从现在就要开始。

关于发朋友圈，最为人诟病的就是那种疯狂的微商式刷屏。毫无技巧的刷屏时代早已过去。稍微懂一点儿的人，都不会再做这种有损形象的事。聪明的做法是在朋友圈打造自己的人设。只有成功打造人设，才能获得信任，才能有机会让别人购买你的产品。

那么如何打造人设呢？最重要的是塑造你的人格魅力。

关于打造充满人格魅力的人设，我和大家分享一个“一定位、两维度”理论。

“一定位”是用一句话说清楚你的定位；“两维度”指角色和能量。

一定位

打造人设，其实就是梳理清楚你在朋友圈中的角色定位。只有定位清晰了，你才能给别人留下直观的印象。

关于朋友圈的角色定位，你需要用一句话描述出来。不过要加以区分的是，这是你朋友圈打造的人设定位，不是你的自我介绍，也不是你的职业定位。

想要找到自己朋友圈的人设定位，你可以采用这个定位公式：特长 +1~2 个关键角色。我给我的很多学员都进行过朋友圈定位分析。接下来我举两个例子。

学员 Peggy 是一位保险从业人员，同时非常擅长做美食，她还有一个爱好就是养猫。在没有设定朋友圈定位之前，她很少发朋友圈，即使发了也是很随心地发。于是我根据她的角色和特长，让她用一句话做朋友圈人设定位：最擅长美食的保险猫妈。通过这个一句话朋友圈人设定位，她以后发朋友圈将主要围绕三个方面进行，即保险知识、美食、猫。

学员阿月的线上赚钱业务是无钢圈内衣推广，她是 4 岁男孩的宝妈，日常非常上进。根据她的特点，我帮她提炼出一句朋友圈人设定位：最懂内衣的鸡血宝妈。这样，她发朋友圈将主要围绕内衣专业知识、育儿、学习等方面进行。

所以，看到这里，你不妨停下来思考一下，你想在朋友圈推广什么？你的专业是什么？你的关键角色是什么？用一句话概括出来。

两维度

有了这个定位，你就可以在朋友圈打造你的独特人设了。接下来我们看“两维度”。

第一个维度：角色传递温度

我们每个人都有多重身份，比如老板、职场白领、专业人士、妻子、妈妈、女儿、儿媳等等。

你在自己的人设中最喜欢展现的是哪一个或哪几个身份？身份这一部分非常重要。朋友圈里的人都有机会成为我们的潜在客户，既然是客户就会存在交易，那么取得客户的信任最重要。而身份认同就是取得信任的关键一步。

尤其是女性，女性很在乎身份同频。什么是身份同频？比如我是宝妈，也是职场人士，我会更容易对和我同一身份的人产生信任。在身份这一部分，我为你提供一个参考公式：

生活中 1～2 个重要身份 + 工作中 1～2 个重要身份

以我本人为例，几乎所有人都知道我的大儿子已经上小学了，名字叫心心，他是个口齿伶俐的小暖男。我常在朋友圈发和他的日常互动。每次我发自己和心心的对话，都有很多人留言。甚至有不少人说，隔段儿时间就想看我的朋友圈，专门看我和儿子的互动。

同时，你稍微留意一下就会看到，我经常发我的同事、下属、学员和课程的日常动态。比如我举办的各种活动、学员和我的合影、我和同事的聚餐、同事自发加班到深夜，还有同事调侃我的截屏对话，这样别人就会知道我是一家创业公司的首席执行官，我有自己正在拼搏的事业。

当我发这些时，那些不认识我或对我不熟悉的人，会知道我是一个真实存在的人，我有自己的家庭和工作，我有自己很看重的人和事。活得真实就能传递出温度。你是一个真实存在的普通人，你就有机会赢得更多人的信任。通过朋友圈，你可以体现你积极上进、有爱有趣且智慧的一面。

第二个维度：能量影响喜好

想做好销售要先做人。我常说，别人向你买东西，一半是买货，一半是买人。当你自己是消费者时，你喜欢什么样的人？据我调查，最能引发大家好感和共鸣的，就是积极的正能量。

想更好地拓展你的线上赚钱业务，首先你得学会自我激励，你的言行举止得传递你的积极正能量，这样人们才会被你影响。

那你该怎么做呢？

在日常发朋友圈时，你不妨多发一些有价值、对你有启发意义的金句。我本人就很喜欢讲金句，我给学员们讲课，很多人会记录我的金句，转发到朋友圈。

有一次，我看见朋友圈里有人发了一张海报，上面写着一句话："最低效的学习方式是一个人埋头苦学，最高效的学习方式是一群人同频共振。"我想，这句话怎么这么熟悉？再一看，署名是"薇安老师"。人们都很喜欢金句，你可以自创金句，也可以转发对你有启发意义的名人名言，或者照抄一些经典台词，这些都是不错的选择。

你也可以转发对你有启发意义的干货文章。我经常在"薇安说"公众号写一些干货励志文章，每次我写这样的文章，转发率都很高，这说明人们都很喜欢看对自己有启发意义、能增加认知的文章。

除了将积极正能量表现在文字中，你也要通过朋友圈体现你的日常活动。比如你参加的线下聚会，参加的一些有意义的会议，参加的某些培训，参加的某个读书会，或者拜访某位大客户、大咖，你平时努力工作的照片或视频，等等。

这些日常行为的记录，可以向他人传递你快乐充实和积极上进的生活态度。这样在无形中，你就给人留下了一个好印象。

所以，你要想办法让自己活得精彩充实，当你状态很好的时候，你就有能力帮助更多人过上他们想要的生活。这样，你朋友圈的潜在客户就会愿意靠近你，他们渴望像你一样，通过产品和努力让自己的生活变得更好。

充满人格魅力的关键在于，做真实的自己。什么样的人最吸引人？就是那些真实、有趣、积极、上进的人。

人们总是追寻阳光，所以你要思考一下，你是否足够积极正面？做销售一定要懂一个道理，人们只要喜欢你，就愿意向你购买产品，哪怕你的条件并没有多突出，他们也愿意跟随你。

所以你在朋友圈推广产品的同时，必须打造属于自己的高价值人设。或者，你要学会给自己"造星"。如果不这么做，别人一看到你的朋友圈全是广告，就会对你的印象大打折扣，更谈不上买你的产品了。

我常说，你是谁不重要，你像谁才重要。在人格化的时代，个人的价值是无限的，如果你还不够优秀，这就是你努力的方向。

活跃朋友圈：两招激活你的朋友圈

我的一些学员想开启线上赚钱项目，但又不敢迈出第一步。于是我专门做了一个精品小课，带着我的学员进行实操。在这门课上，我特意给大家设置了高额分成，甚至还准备了一些文案供他们发朋友圈参考。结果，有线上赚钱经验的人，一天的课程分销收入可以轻松达到几百元。可是有些人发了朋友圈却完全没有实现转化。

于是我一个个仔细询问，发现失败的人存在共同的问题。主要问题有三个：一是他们的朋友圈好友人数很少；二是他们的朋友圈非常不活跃；三是他们日常没有塑造出卖东西的调性。

一般情况下，有三类人的朋友圈会比较沉闷，无论发什么都很少有人互动。

第一类人，很少看朋友圈，也几乎不发朋友圈。

第二类人，为了卖货疯狂无节制地刷屏，导致自身形象受损。

第三类人，虽然看朋友圈，但是很少或几乎不留言、点赞，也很少和别人互动。

这里主要谈两个概念，一个是习惯的培养，另一个是增强存在感。

做生意是需要培养客户的消费习惯的。为什么新开的店，在起步期都很艰难？因为消费者对你的信任感还没建立起来，他们的购物习惯也没有养成。为什么百年老店价值高？因为它们已经存在百年了，只要店铺在那里，人们就愿意购买。所以，如果你的朋友圈死气沉沉，你就要想办法激活它，刷你的存在感。

什么叫朋友圈激活？就是让更多人看到你的朋友圈，他们愿意和你互动，愿意给你点赞，甚至会时不时主动浏览你的朋友圈。

这就好比街角有家店，这个店的经营曾经非常糟糕，装修和服务也不到位，因此几乎没有客户进店。但是现在我们把这家店盘下来，对它重新进行装修，让它焕然一新。为了获取更多人的注意，我还必须做一些活动，吸引这些人过来，让店铺的人气旺一点儿。

既然朋友圈是我们自己的精品店，你就要让朋友圈更热闹些，刻意地做一些活动激活你的潜在客户群。

那该怎么做呢？我分享给你两招激活朋友圈的方法。

方法一：留言点赞破冰法

陌生人之间想要交往，最关键的是破冰。如果是在线下做活动，那么我们可以通过很多方法瞬间拉近距离，比如通过一些游戏做自我介绍，或者坐在一起聊天，这样人与人很快就会亲近了。

在线上，我们同样要创造这种场景。最有效的办法就是给别人留言和点赞，用这种方法来破冰。你发了朋友圈，是不是渴望有人给你留言？其实每个人都一样。如果你能给别人留言或点赞，别人会一下子对你产生好感，并愿意与你建立联系。如果你可以做到给你的潜在客户时不时留言、点赞，那么他一定会对你有深刻的印象。

但是每天有那么多人发朋友圈，你哪有时间每个留言都点赞呢？你可以有针对性地去做，比如这段时间找 5~10 个你想破冰的潜在客户，或者你特别想拉近距离的陌生人，你留意他们的朋友圈，当他们有新的动态时，你就积极地去给他们留言。

你常去留言点赞的那些朋友，他们可能在你发朋友圈后，也会给你留言点赞。这就是《影响力》一书提到的“互惠原则”。在朋友圈发一些重要信息，会让你更容易吸引别人的关注。

即使我现在这么忙，我也会经常刷朋友圈，而且看到好的，我会留言点赞或鼓励。很多时候我的一个赞美，会让发朋友圈的人非常高兴。

人际关系不是你想要的时候立马就会有的，你平时就应该为你的人际关系提前做好储备。我给大家分享一个概念，叫作“情感账户”。你把与他人建立关系的过程，当作往你们的“情感账户”里存钱。只有平时不断往里面存钱，在你真正有需要的时候，你才有钱可取。人和人交往，如果平时不和朋友联络和维持感情，当你有需要的时候，你又如何期待别人能帮你呢？

方法二：互动有奖活动法

互动有奖活动法，就是你可以多设置一些问题引发互动。

比如你可以咨询大家一个问题，请圈友们答复。这个问题可以是封闭式的选择题，也可以是开放式的问答题。我发现，凡是以互动形式发的朋友圈，留言的人都特别多。

元旦来临，我想出去旅游，却不知道去哪里好。于是我发了这样一条信息：求助万能的朋友圈，想找一个可以短途旅行人又不太多的地方，求推荐。

信息发出去之后，我收到非常多的建议和方案。有些建议真的可以帮我做出决定。

有一年暑假，我想带全家人出去玩。于是我发了一条信息：求助万能的朋友圈，暑假想自助游，请问有没有靠谱的高端自助游机构推荐？

那一次朋友们给我的建议近百条，这些建议里还有很多机构是我闻所未闻的，这让我一下子有了许多选择。最后我根据大家的推荐，选择了一家非常不错的旅游机构，成功地完成了一次自助游。

我在朋友圈发出这样一条信息后，有很多人留言说他们也想知道别人都推荐了什么，于是我把推荐的名单汇总，发到留言区，这样就共享给所有的关注者了。

还有一次，我的大儿子心心跆拳道比赛拿了亚军，于是我发了这样一条朋友圈：我儿子心心拿了跆拳道亚军，他对这个结果不是太满意，你们能不能点个赞或者说一句鼓励他的话，让他知道他很棒？

这条信息发出后，获得了近 200 条留言和点赞。一些很少互动的圈友也纷纷冒泡留言，留言内容非常温暖。

经常做这种互动你就可以激活很多人，因为人们只要看到自己能解答或能帮忙的事，他们就会和你交流。如果你经常做这样的互动，那么即使是比较陌生的朋友，这样一来一回你们也能熟悉起来。

除了普通的互动，你还可以做有奖互动。

你可以这样鼓励大家参与互动，比如“点赞第6个、第16个，我会发红包哦”。

有一次我的一篇文章要选个好标题，有三个标题可供选择。于是我发了一条朋友圈，问大家：这里有ABC三个标题，请大家帮忙投票，选出你最有兴趣点开的那一个。我会采纳票数最高的那一个。所有参与并选对的小伙伴，我会单独发红包感谢哦！

那一次有奖互动效果很好，后来我单独给大家发了红包，大家收到都非常开心。他们开心不仅仅是因为收到了奖励，还因为他们觉得为我的事情出了力，很有参与感。

你创业的项目也可以做有奖互动，假如你卖护肤品，你可以这样问：夏天快到了，请问下列三种成分，哪种最利于美白？我在24小时之后会公布正确答案，如果你答对了，我会单独发红包给你。

只要你用这种方式互动，就会发现很多从不留言的人都出来给你留言了。而你通过和他们的互动，拉近了你们的距离。其实红包花不了多少钱，却是一种让大家在你朋友圈活跃起来的实用技巧。这个互动方式在我的公众号里一直被频繁地使用，效果非常好。所以，只要你坚持去做，你的朋友圈就会热闹起来。这和我们开店的道理是一样的。

通过不断互动，你和那些原本不熟悉的人不再是陌生人了，他们成为你客户的可能性就更大了。

/ 本章小结 /

这一章我重点向你介绍了朋友圈就是我们自己的精品店的概念。它代表着你的形象和人格魅力，你需要用心去打造和经营。

- 个人包装：请慎重对待你的名字，请让你的形象为你代言，请重视你的朋友圈广告位。
- 打造朋友圈：用“一定位、两维度”方法，打造充满魅力的朋友圈形象。
- 活跃朋友圈：用留言点赞破冰法和互动有奖活动法，激活你的朋友圈。

读完这一章，我想请你思考下列问题：

√ 你打算如何进行个人包装？

√ 你如何设计你的朋友圈一句话人设定位？

√ 你日常如何通过发朋友圈打造你的人设？

√ 在激活朋友圈的方法中，你缺失了哪一环节？

√ 你计划下一步如何激活朋友圈？

/第五章/

文案写作篇：写出狂销热卖的圈粉文案

我认为广告佳作是不引起公众注意，自己就把产品推销掉的作品。好广告要诉求对象说的不是“多妙的广告啊”，而是“我从来没有听过这种产品，我一定要买它来试试”。

——大卫·奥格威

朋友圈种草：不发广告也能成交的种草方法

2019年，我生了二宝小土豆，坐月子期间，我开始疯狂大采购。要知道有个小宝宝，家里要买的东西实在是太多了。我上淘宝搜索，发现同类产品令人眼花缭乱，商家都将自家产品吹得天花乱坠，我根本不知道如何挑选。于是我就上小红书看看有没有相关资料。小红书里主要是各种推荐和测评，有些是用户自己写的测评文章，有些是商家种草的文案。

正是这些种草的文案，帮我找到了想买的东西。有很多品牌我从未听说过，但是看了小红书的使用推荐之后，我产生了浓厚的兴趣，于是直接购买。

这个时代，卖货有两个和以前完全不同的趋势，第一个趋势叫种草式卖货。以前的卖货方式叫搜索型买货，消费者通过主动搜索购买自己想要的产品，比如海飞丝、飘柔这些洗发水品牌老少皆知，所以去超市的消费者会主动购买这些品牌，而不知名的产品要想有销量会非常困难，所以那是大品牌通吃天下的时代。但是现在呢？当我们提起洗发水，相信你可以想起很多品牌，你家里肯定不会只用海飞丝、飘柔，对不对？

那么请问，你的洗发水是从哪里买来的？可能是从你的朋友圈看到的，可能是在小红书上看到的，可能是直播时被种草的，或者是在其他平台看到的。我的洗发水就是在朋友圈看到的。这个卖家是我的学员，她在朋友圈反复种草，说自己用了这个洗发水后控油效果显著，恰好我是油性发质，于是我果断地向她购买了这款洗发水。

现在，你在电视里看到的广告已经不足以让你产生购买欲望，但是在朋友圈里看到自己信赖的人发的产品使用体验，你很有可能会立即购买。

这就是种草式卖货起到的作用。

第二大趋势是人对货的关键作用。如前文提到的，现在买货是一半买货，一半买人，可能买人的成分超过一半。你会不会和我一样，因为喜欢一个人而去买他的产品？

从没有一个时代，个人对销售产生的力量如此巨大。主播李佳琦说一句“美眉们，买它！”，一大帮年轻女性会立即跟随购买。这就是人对货起了关键作用。所以一定要打造自己值得信任的人格魅力。

既然想做线上赚钱业务，你的朋友圈就一定要发广告。

很多人被微商的刷屏广告搞怕了，他们以为线上赚钱就只能这么做。事实根本不是这样的，那些刷屏式广告效果并不好，否则他们为什么要拼命刷屏呢？

真正厉害的朋友圈文案高手，永远知道如何写出种草式文案，这种软植入和逐渐渗透，会让你渐渐地对产品产生好感，最后主动购买。

种草式文案是指通过写各个维度的文案，通过分享自己或他人真实的使用体验，让人对产品的认识不断深入，从而产生好奇和兴趣，最终想要购买，它不只是硬邦邦地强调产品的特点和卖价。

具体要怎么写呢？首先强调一点，种草式文案需要长期多维度写作。种草不一定一次就有效，所谓种草就意味着要想办法，通过文案在客户心中撒下一粒种子，日常不断浇水，让它慢慢发芽、开花、结果。所以，这就要求我们日常要不断渗透，无论有没有成交，都要不断地写种草文案。潜在客户第一次可能不为所动，但是多看几次，这颗种子就发芽了。

日常写种草式文案，可以从以下三个维度进行。

维度一：晒客户结果证言

产品使用有没有效果，你自己说好没有用，必须大家说好才有用。从心理学角度来说，人们都是从众的，越多人买的东西越容易带来羊群效应。客户证言有很多种，有的是客户的使用好评，有的是复购的凭证。总而言之，最有用的就是客户使用你产品带来的结果，而结果最好能用图片或视频体现。

我的一位学员是卖胶原蛋白产品的，她经常会晒一些客户使用前后的照片，使用前眼角有皱纹，使用后 3 个月皱纹变浅了。这些使用产品的结果就是最有力的种草文案。

我是做教育的，经常有学员向我表达感谢。他们取得了很好的成绩，比如销售收入大幅提升，或者成功地实现了线上赚钱，他们会发微信向我表达谢意。有时我会在征得他们同意之后，将对话截屏发到朋友圈，这就是一种种草方式。

我没有推销自己的课程，但是所有看到这条朋友圈信息的人，都知道我教的课程可以给学员带来好结果。之后我再发课程宣传时，他们就会对这门课有天然的信赖感，自然很容易就能产生朋友圈的转化。

维度二：晒收款或销售记录

晒收款或晒销售记录是很有用的种草方法。晒收款的目的，是让人感觉你的客户很多，很多人购买你的产品，你的生意很好。消费者都喜欢去生意红火的店铺，因为人们都害怕走弯路。毕竟已经有那么多人买了，他们相信你应该是靠谱的，因而试错成本不高。

在晒收款或销售记录时，你可以使用集中晒的方法。不定期将所有收款汇总在一张海报上，这样既不用刷屏，又能一次性晒出很多，让人感觉你业务繁忙。

我偶尔会晒一晒学员群的动态，学员群会显示人数，所以看到的人就知道，我每期学生都有几百人，他们会因此打消顾虑，也会渴望认识那么多优秀的人。

维度三：强调使用体验而不是特点

硬广告卖的是产品的特点和直白的成交意图。种草则是不断强调产品体验，不会大力吆喝让你购买。这种体验来自客户的使用体验，或者你自己的体验。

这里的体验指的是什么？就是使用产品的美好感觉以及效果。用了这款产品之后，我变得更好了。所有购买行为的背后都有一个驱动因素，那就是追求快乐，远离痛苦。

这种体验通常是在比较中产生的，即曾经试错的痛苦和现在使用的美好。由于对比强烈，潜在客户会一下子产生购买的冲动。

我为小土豆买的童车就是这样被种草的。小红书上的一个卖家详细介绍了她购买过的三辆童车。前两辆童车，她分别描述了问题所在，不能转向、收起来特别费力、占地方、车杆晃动等等，这些让她很痛苦。直到遇到第三辆童车，它解决了她之前所有的问题。

在看到这个种草文案之后，我当下决定把前两辆童车排除掉，立即下单购买了这位卖家推荐的第三辆童车。

在种草文案中，卖家并未详细介绍童车的卖点，但是她讲了自己使用童车后的感受。因此，作为潜在客户，我的脑海中马上产生了联想，我要远离痛苦，追求幸福。这就驱使我快速做出购买决策。

大卫·奥格威说过："我认为广告佳作是不引起公众注意，自己就把产品推销掉的作品。好广告要诉求对象说的不是'多妙的广告啊'，而是'我从来没有听过这种产品，我一定要买它来试试'。"

我再拿减肥产品为例。硬广告会这样说："这款代餐饼干由谷物制成，纯天然，100% 安全，现在是特价期，只要 99 元。"这就是硬邦邦的推销。

如果你的文案全是这样的硬广告，而且不停地刷屏，你说别人会不会心生厌烦？

种草式文案应该怎样写？

卖家放上两张照片，左边是一年前 130 斤肥胖没自信的女孩，右边是减肥成功后 95 斤时髦自信的职场女性，两张图形成极其强烈的对比。

卖家这时写了一段非常感人的文案。她说："一年前我的体重高达 130 斤，不仅胖而且脸上长满痤疮，我非常自卑，虽然试了无数种方法，但是都没有效果，我还为此牺牲了健康，得了胃病。在我近乎绝望的时候，我看到朋友的推荐，抱着死马当活马医的心态，我吃了 3 个月。没想到 3 个月竟然轻松减了 30 斤。现在一年过去了，我的体重不仅没反弹，胃病也好了，而且脸上的痤疮都消失了。我真的很感恩朋友给我推荐了这款产品，我也感谢自己做出了最正确的选择。"

这就是一个种草文案。文案没有销售产品，也没有讲产品的特性，但是卖家详细讲述了自己的经历和感受。我相信那些减肥失败的人，或者想要减肥但是不知道从何开始的人，看过这个文案之后一定会心有所想。

所以，在日常发朋友圈时，你可以多用种草式文案。以软性植入这种方式，让潜在客户对你的产品留下深刻印象，并渐渐产生好感。让他们从不需要到需要，从需要到想立刻拥有。

朋友圈卖货：专业化文案让产品不销而销

既然要开启线上赚钱业务，那么肯定要做推广。这就如同你去线下门店，走进店铺各种促销信息会扑面而来。只是店铺和朋友圈不一样，店铺是没有温度的商家，而朋友圈代表着我们的人设和人格魅力，你的好友们多多少少都与你有联结，所以我们在朋友圈卖货，肯定不能没完没了地发广告。

因此在前面的章节，我一直强调打造朋友圈人设和种草式发朋友圈的重要性。如果你深入理解了这个概念，你的朋友圈将是丰富且有内涵的精品店，而不是只懂得发广告的卖货渠道。

你可能会问，如果想发广告怎么办？有什么方法可以既发广告又不让人反感，同时带来高转化？

答案是写专业化文案。

在讲这个概念之前，我先举个例子。

有一天你的胃有点儿痛，于是你去药店买药。这时一个很年轻的小姑娘走上前来，她向你推销治疗胃病的非处方药。你看了看，都是一些很贵且没听过的药，因此你不会购买。

这时有位驻店医师走过来，向你推荐了一个对症治疗的药，因为她是医师，你心里对她有种信赖感，所以你在她的推荐下购买了那个药品。

但是两天后，你的胃痛还是没有得到缓解。因此你决定去医院看看。医生并没有对你做彻底的检查，他只是问了问你的情况，给你开了几盒药，你拿了处方后毫不犹豫就去付费拿药了。

在这个过程中，陌生的年轻小姑娘的推荐你会有顾虑，最终没有购买；驻店医师的建议你犹豫了一下，但是购买了；医院医生开的处方你想都不想，直接就去付费拿药。为什么你对三个人有三种不同的反应？

这里的关键区别就是专业性。小姑娘不专业，驻店医师有一定的专业性，医院医生非常专业，因此你的信任感是截然不同的。《影响力》一书告诉了我们权威性的重要性。而专业人士影响我们的就是他的权威性。只要你认为他是专业的，你就会选择信任他。

如果你想让广告有更高的转化率，就应该不断提升你的专业性，日常通过分享专业性的文案，来塑造你在某个领域的权威形象。

哪些是专业性呢？你可以从四个角度打造专业性。

生产过程

现在很多餐厅都将厨房透明化。透过玻璃，你会看到厨房里厨师的行为，这样你会下意识地认为厨房很干净，食物吃起来很放心，打消了消费顾虑。

如果你可以将生产过程拍照展示出来，或者通过文案描述出来，消费者对你的信任感就会提高。

前文说过的夏如就是文案高手。她经常在朋友圈发烘焙师制作过程的小视频，而新鲜出炉的面包会刺激人们的购买欲。

很多人觉得生产过程不值一提，恰恰相反，描述生产过程说明你有底气有信心。所以，不妨在日常文案中多加一些关于产品的前世今生的描述或照片、小视频等等，然后在文案尾部或留言处放上产品的购买链接，这样也许就能带来成交。

干货知识

我有位不太熟的朋友是卖内衣的，她每天没完没了地发产品广告，让人觉得很烦。其实她的内衣照片拍得挺好看的，只是她干扁扁地卖货，容易让人趋向冷静，反而产生不了购物冲动。

在卖货过程中，最能体现专业性的就是分享干货知识。以内衣为例，这个品类你可以这样分享：日常穿内衣如何避免赘肉？什么样的材质是最好的？怎么穿对健康最好？如何避免胸部下垂？如何购买适合自己的内衣？内衣怎样清洗可以延长寿命……这里有太多干货知识可以分享了。

如果你经常发干货内容，慢慢地别人就会下意识地认可你在这个领域的专业度。只要你树立起权威感，信任就来了。既然你如此专业，可以解决人们那么多问题，让他们少走弯路，那么他们肯定想要购买你的产品。

你完全可以一边分享干货，一边把产品链接放在留言区或文案尾部，让大家购买。

无论你卖什么产品，都要输出专业知识，这一点非常重要。

我见过保险卖得非常好的一位女士，她一边卖保险，一边开设金融理财训练营。通过专业知识输出，她帮助别人学会如何打理家庭资产。

既然她可以帮助我们提高理财能力，让我们通过理财获得收入增长，减少试错成本，而我们又是要买保险的，那么为什么我们不向她这位值得信赖的专家购买呢？

所以，如果你想成功地进行线上赚钱业务，就势必要让自己在相关领域变得专业起来。通过专业知识输出提供价值，帮助别人开阔眼界，提高认知。

如果你卖的是护肤品，你可以在卖货的同时，告诉别人这款产品怎么使用最有效。同时不断地输出相关护肤知识，比如你可以就如何在春季避免皮肤过敏，如何长久保湿，如何减少斑点等做真正有价值的输出。

如果你卖的是燕窝，你可以在卖货的同时，告诉别人怎么吃燕窝最有效。为什么女人要吃燕窝？什么样的人不能吃燕窝？吃燕窝到底能带来什么好处？如何挑选最优质的燕窝？

只要别人觉得你专业，就会对你产生较强的信任感。当你发出广告时，成交的概率就会大大提升。

场景和角色运用

很多时候，客户不购买是因此他们根本想不到自己有这方面的需求。所以，在日常文案的推广中，你需要让他们有代入感。

以演讲能力为例，很多人误认为演讲能力只有站在舞台上才需要。自己没什么机会站在舞台上，所以没必要学习演讲。但事实上，演讲和我们日常工作息息相关。因此在文案中，可以加入场景运用。

在求职招聘的高峰期，你想不想提高你的面试通过率？你想不想找到一份称心如意的工作？演讲能力的提升，会让你自信高效地表达自己，成为面试必过的“面霸”，找到自己心仪的好工作。

又到了一年一度年终考核时，你的工作陈述将决定升职加薪的结果。学好演讲，你能够讲出自己的核心优势，成功地搞定关键人物。

作为一位团队队长，你需要带领团队取得成就，拿到结果。如果你拥有演讲能力，你就可以成功地举办招商会，招募更多的代理；你就能够进行一场成功的销售演讲，带来更多订单。

每个人都应该打造自己的影响力，演讲能让你的观点被认同被传播，能影响和帮助更多人。

上述这些从多个场景和角色描述了学习演讲的重要性。面试需要演讲，业绩陈述需要演讲，招商需要演讲，建立影响力也需要演讲。

因此，人们看到这些文案之后，会产生自身的角色代入，他们意识到，自己可能随时会遇到这些场景，自己也属于其中的一类。所以，要提高能力，抓住机会，学习演讲。

权威认证

在专业度上，如果你的产品有权威认证，一定要晒出来。这里的权威认证包括但不限于：

某大咖或明星推荐过。

某大咖或明星正在使用。

某重要人物加入你的体系。

你的产品上电视了。

你的产品赞助了什么活动。

你的产品被评上什么奖项了。

你的产品在某次活动中销量第一。

你的产品做了什么公益活动……

这些权威认证对销售者购买有着很强的驱动力。如果有相关信息，你要及时通过文案进行宣传，并附上购买链接。这样销售转化就能毫无违和感地发生了。

高转化率文案：大幅提高转化率的两个写作技巧

我有个学员是一位微商团队长。她做得非常好，旗下团队近千人。和大多数人一样，在开始阶段，她做得也不顺利。由于产品价格比较高，所以业务发展不快。事情的转机来自一篇文章。

在我的鼓励和指导下，她开了自己的公众号，发了人生第一篇文章。在文章里，她写了自己的故事。描述了她从特别贫困的山区来到都市打拼的故事。她是长女，家里还有 6 个弟弟妹妹，她从小就承担起照顾弟弟妹妹的责任。为了养家，她放弃了继续读高中的机会，只身来到南京，从最底层的工厂女工做起，直到结婚生子创业。后来她的先生出轨了，她选择离婚带着孩子从头开始。一个无意的机会，她接触到这个产品，这让她看到无限希望。尽管命运多舛，但她从未放弃过，她要努力打拼帮到更多人，为自己和孩子创造更好的未来。

她的这篇文章感动了很多人，在没有粉丝的前提下，阅读量高达 6 000 多。很多人看了这篇文章后被她的故事激励，纷纷加盟她的产品，希望在她的带领下，闯出一番新天地。

在文章里，我的学员并没有详细地介绍产品，但是她用自己的故事体现出顽强拼搏的精神，打动了很多同样出身底层、经历痛苦却又不甘平庸的人。这篇文章为她带来 80 多个代理，她的业务从此破局。

这就是文案转化的力量。

如果你想更好地从事线上赚钱业务，你需要提高与客户的交流能力，这个交流体现在两方面，即语言和文字。文字就是写作能力，语言是沟通和表达的能力。

我常看到别人留言给我说："我既不懂写文章，也不懂怎样和别人交流，更不知道怎样正确表达，我该如何开展业务呢？"

不懂不应该成为一事无成的借口，谁生下来什么都会呢？正是因为不懂，你才要用心学，刻意练习，直到掌握。

无论是演讲、沟通还是写作，这些都可以通过学习和练习得到明显提高，这一点是我从无数学员的实践中，得出的非常肯定的结论。

那么你如何才能提高文案写作技巧呢？最重要的一点是多写和多复盘。如果学习后，完全不练，那么你是无法提高自己的。

每天都写，哪怕只写 100 个字，都能让你找到写作的感觉。除了坚持写，你还需要复盘，也就是不断回看你的文案，回看的时候你获得了什么？是文案没产生效果，是有人关注了你，还是有人向你咨询，又或者有人直接购买了你的产品？从结果中你又分析出什么结论？同样的产品，用不同的文案会带来截然不同的结果。所以你应该以结果说话，客观地对自己的文案进行复盘。

我几乎每天都和文案打交道，我在公众号、朋友圈、短视频和直播中进行推广，这个推广不仅包括产品，也包括我自己。我希望有更多人看到我的文案后，对我产生兴趣，愿意关注我，或者购买我的产品。因此，文案是否有效至关重要。

如何才能写出高转化率的文案？这里我分享两个非常重要的写作技巧。

第一个技巧：对比反差法

一个好的文案，应该一开始就能抓住人心。怎样才能抓住人心呢？就是讲痛点，引发共鸣。趋利避害是人的本能，所有人都渴望追求美好，远离痛苦。

而在强化痛点中，对比反差是最常用也是最有效的一种手法。你可以采用这样的公式进行对比反差：

反面痛点 + 正面例子 = 结论

接下来我用一个文案做示范。

人们都说：“女人好的状态，就是眼里写满故事，脸上却不见风霜。”可实际上岁月留给我们的，往往是皮肤日渐衰老却无能为力……

但是，总有那些“异类”，41 岁了还像 18 岁的少女！

放眼众多的豪门新闻，孙芸芸绝对是人生赢家！凭借雄厚的家族财力 + 超强的商业头脑，26 岁她就创立了自己的品牌，成为娱乐界的“时髦风向标”！

令人羡慕的是，她不仅生意了得，还因为保养得太好，“活生生把老公熬成了爹”，稳稳坐拥“台湾第一名媛”“最美少奶奶”的称号。

女明星们都以她为自己的护肤偶像，美容大王大S更是直接把她当成人生目标！

前段时间刷到她的庆生照，如果配文不说，还以为身边的男人是她老爸。其实那是她的百亿富豪老公，廖镇汉！

不少媒体都惊呼，孙芸芸也太会保养了吧，跟20年前根本没差别！

孙芸芸仿佛还是那个18岁的少女，这紧致水嫩的皮肤，谁能猜到她真实年龄已经41岁，还生了两个孩子？！

再看看自己，酸了！

真想知道她到底是怎么保养的，难道是吃了20多年的防腐剂？！

其实，41岁的孙芸芸之所以能越活越年轻，除了有健身运动的习惯，更因为她发现了逆生长的秘密：抗氧化保养！

这篇文案销售的是抗氧化产品。我们用公式“反面痛点+正面例子=结论”来套用。

反面痛点：一开始就直击痛点“皮肤衰老却无能为力”。

正面例子：孙芸芸的例子，41岁还像18岁的少女。这样的巨大反差，会令读者产生好奇心，她是怎样做到的？有什么办法可以解决我衰老的痛点？

结论：孙芸芸之所以能越活越年轻，是因为她发现了逆生长的秘密：抗氧化保养！

你看，文案并没有推荐产品，却能引发人们对产品的强烈好奇。

所以，在你的文案中，要善用对比反差法引发痛点和共鸣。如果你的产品效果很好，在文案开头就可以直击痛点，然后再举一个正面的例子。这样可以产生强烈的反差。吸引别人一直看下去。读者的注意力很有限，如果你在开头不能吸引他们，他们就会马上离开，我们称为跳失率。很多文案在一开头跳失率高达60%，这注定是一篇失败的文案。因此，开头抓痛点，吸引眼球非常重要。

第二个技巧：逆袭故事法

在文案中最能打动人心的就是讲故事。很多人会说："我也讲故事呀，为什么没有任何效果？"

那是因为你没有掌握一个讲故事的技巧，叫作逆袭故事法。逆袭故事法的公式为：

唯一主角＋情节逆转＋结局启发＝结论

下面我向你分享一个文案示例。

阿萍是一位家庭主妇。生完孩子后，由于老公工作忙，没人带孩子，于是她辞职，成了一名全职太太。

她生了一儿一女，一开始和老公关系不错。但是随着时间的推移，她发现自己的圈子越来越窄，每天除了接送孩子上学、放学，就是关心老公什么时候回来吃饭。老公工作很忙，经常出差，难得回来吃饭，他们之间的话题越来越少。

有一天，老公突然劝她出去找工作，说这样生活充实些，也可以更好地教育儿子。

她也觉得再这样下去跟不上老公的步伐了，未来会怎样她不敢想。她想出去找工作，却没有信心。她觉得像她这样6年没有工作过的家庭主妇，早就没有竞争力了。

有一天，她突然发了一条微信给我："薇安姐，告诉你一个好消息，我出去找工作了，面试了3份工作，没想到3家公司都抢着要我。很快，我就要入职新公司了，真的很感谢你。"

她做了什么以至有如此大的变化？

回溯到几个月前一个百无聊赖的下午，她在家无意中刷到我的公众号，报名参加了薇安演讲训练营，从此开启了她不一样的人生。

她说，演讲训练营让她找回丢失多年的信心。她一开始并不敢说，但是在老师和同学的鼓励下，她慢慢地放开自己。她是那么努力和用心，受到很多人的喜欢和肯定。就这样，她越来越上进，也变得越来越自信。于是，她鼓起勇气找工作，成为多家公司争抢的对象。

后来，她在群里演讲，短短10分钟的演讲，掌声自发地响了很多次。我真的感觉她判若两人，以前的她总是沉默寡言，现在的她积极主动，浑身充满了阳光和活力。

我不由得感叹，一个人如果敢于突破内心的胆怯，勇于突破自我，就一定能成为更好的自己。

通过上面文案，我们用公式"唯一主角 + 情节逆转 + 结局启发 = 结论"进行复盘。

唯一主角：全职太太阿萍。

情节逆转：原本幸福的家庭面临挑战，阿萍想出去找工作，但是已有 6 年没工作过，她没有信心。

结局启发：阿萍应聘了 3 份工作，3 家公司都抢着要她。

结论：参加演讲训练营

人们在看这个故事的过程中，尤其是那些想找份好工作、身份及经历和阿萍相似的人，会自觉代入角色，他们渴望帮自己找到答案，阿萍做了什么导致如此大的变化？所以这时就可以带出结论，她是因为参加了演讲课程，提升了表达能力，建立了个人自信心，最终取得了成功。

在逆袭故事法中，你可以讲自己或他人逆袭的故事，但是要谨记一点，你最终的目的是以故事为铺垫，带出你想要表达的结论。

很多人说没有故事可讲，找不到素材，怎么办？

其实素材到处都是，你自己的、你身边亲朋好友的、你客户的、网络上的……只要你稍微留意，就会发现可以讲的内容取之不尽。我在书里举的案例，全部来自我的学员、粉丝和朋友。所以处处留心皆学问。

想写出高转化率的文案，还有很多方法和技巧，但是你最需要做的就是不断地写，不断地复盘。只有这样，这些技巧才能真正为你所用。事实上，任何技能的掌握都是如此。

/ 本章小结 /

这一章节的关键点是如何通过文案写作，写出高转化率文案。

文案在线上赚钱业务中的应用无处不在，无论是长文案还是朋友圈短文案，又或是短视频文案，文案写得好，就能圈粉，并自动带来成交转化。

本章向你介绍了三大块内容：

- 种草文案：晒客户结果证言，晒销售记录，强调体验而非特点。
- 专业化文案：分享生产过程，分享干货知识，通过场景运用和权威认证实现广告转化。
- 文案写作技巧：对比反差法和逆袭故事法，用它们让潜在客户找到代入感，被你圈粉。

读完这一章，我想请你思考下列问题：

√ 你计划日常如何在朋友圈种草？

√ 你如何提高自己的专业知识，打造专业权威形象？

√ 你能否写出一个自己的故事？

√ 你能否写出一个客户逆袭的故事？

/第六章/

引流获客篇：

找到源源不断的精准客户

凡事都有一个从量变到质变的推进过程，当使用者积累到一定程度时，自然会出现需求和人气蹿升的“爆发点”。

——铃木敏文

社交媒体：
最低成本寻找客户的方式

对于很多人来说，想开展线上赚钱业务，摆在眼前最大的挑战之一，就是粉丝数量太少。据调查，微信 10 亿用户，平均每人好友人数为 300 人。我询问过很多人的好友数，大部分在 300 人到 500 人之间。如果你的好友数只是平均水平，可想而知你的业务在刚起步时会比较艰难。

李嘉诚先生说过，房地产最重要的三个因素是地段、地段、地段。

对于线下商铺，地段是最重要的。好的地段意味着有源源不断的客流。即使产品优势并不明显，销量也不会差到哪儿去。但是如果商铺开在偏远的郊区，就算产品再好，也可能无人问津。

这个道理同样适用于线上赚钱业务。

不同的是，线下受到核心商圈的影响，如果店铺所在位置不理想，商家会非常被动，想拓客也会受到地理位置的限制。但是线上不一样，线上完全没有物理距离的限制，只要用对方法，就能吸引大量粉丝和潜在客户。

对于商家而言，客户基数是业务的保障。如果想让业务越做越好，就要不断拓展新客户，然后让客户更长时间地留在你的商业体系中。

如果你现在只有三五百的粉丝，不用担心，你需要认识到拓客涨粉的重要性，然后有针对性地去涨粉。如果你有三五千的粉丝，也不能骄傲自满，你仍然需要不断引流获客（即获取客户）。在商业社会里，不管你有多少客户，都要将获取新客户作为你的核心目标之一。

3 年前，我的微信好友不到 1 000 人，这些人大部分是我的家人、同事、同学和朋友。当我想做新的线上业务时，我觉得举步维艰。

3 年后，我的微信好友近 10 万人，这些人都是我的粉丝、潜在客户和准客户。当我想开拓新业务时，我有很大的空间可以持续发展，而且我处于不断的裂变涨粉中。

我是怎么做到呢？这就涉及我向你介绍的社交媒体。社交媒体是最低成本寻找客户的方式。

2016 年 9 月，我开始利用下班后的时间，在微信上创建个人自媒体“薇安说”。刚起步时非常困难，但是我没有放弃。我在最初阶段采用了个人品牌的方式打造我的“薇安说”。经过几年的经营，现在“薇安说”粉丝超过 50 万人。

在粉丝增长到 2 万人时，我在“薇安说”上发布了招生文案，吸引了第一批学员。随着课程的推进，我吸引了越来越多的学员，逐渐形成了自己的教育体系。

如果没有“薇安说”这个平台，没有最初关注我的那 2 万粉丝，我想迅速吸引潜在客户，就需要通过其他方式进行。

这个时代为我们普通人创造了太多机会，有非常多的平台都可以帮助我们打造个人品牌，吸引陌生人关注我们。

所以，如果你想开启线上赚钱业务，那么你很有必要去找一个适合你的平台，通过个人账号搭建人际关系网络。社交媒体是最低成本的开拓方式，它让你能接触到潜在用户，并有机会将用户转化为粉丝。虽然这条路并不容易走，但是只要你用心耕耘，它就会给你带来巨大的收益。事实上，所有在社交媒体上有点儿影响力的人，都是从零开始的。

现在社交平台很多，每个都有自己的属性，社交平台让每个人都有机会打造自己的个人品牌，实现个体崛起。

那么市面上到底有哪些社交平台？

从种类上区分，有以下几种。

自媒体类：微信自媒体、今日头条、新浪微博、百度百家、UC 大鱼号、企鹅媒体平台、搜狐自媒体、一点资讯、网易自媒体等。

短视频类：微信视频号、抖音、快手、B 站、西瓜视频。

问答类：知乎。

咨询类：在行。

付费社群类：知识星球。

知识付费类：千聊、荔枝、得到。

音频类：喜马拉雅。

先说自媒体类，目前最重要的是微信自媒体、今日头条和新浪微博。几乎所有想打造个人影响力的人，都会入驻这三个平台。

除了自媒体，还有短视频类。现在短视频非常火，抖音日活跃量高达 4 亿，快手日活跃量也有 3 亿。还有最近大火的微信视频号。可见每天有多少人在发布和浏览短视频。

微信自媒体、微博和抖音，这三者被称为“两微一抖”，被称为企业和个人的标配。

除了上述平台，还有一些社交平台也有助于吸引粉丝，比如知识付费平台千聊、荔枝、得到，写文章为主的简书，以咨询为主的在行，专做付费社群的知识星球，问答模式的知乎，以音频为主的喜马拉雅。这里每个平台都涌现出无数具有影响力的大V，关注他们的粉丝从几万到上千万不等。

很多人一看到这么多社交平台就犯愁，不知道该从哪里下手。其实在开始阶段，你不需要全面开花，只要找到你最擅长的领域以及和你最匹配的平台，然后进行精钻。

具体怎么做呢？打造社交平台有七步。

第一步：了解自己的兴趣和能力

在选择平台之前，你应该对自己有所了解。你在哪方面有能力优势或兴趣爱好？你的优势可以是：

语言表达：例如演讲或讲课。

声音独具魅力：例如音频主播。

写作优势：你擅长写文章或文案。

专业优势：你具有专业特长，可以提供咨询服务。

表现能力：你有表演天分，或者有很强的表现形式。

每个人都有自己的喜好和优势，所以第一步你先要对自己有所了解。

第二步：了解各平台的特点

在了解自身之后，你需要对平台的属性有所了解。这个平台到底是做什么的？需要哪些技能？在了解平台这方面，你可以关注那些在平台上有影响力的人，通过看他们输出的内容，找到对平台的感觉。

第三步：找到和你相匹配的平台

接下来，将你的兴趣爱好或能力与平台属性相匹配。

- 如果你喜欢讲课和演讲，那么可以去千聊、荔枝等平台开设自己的课程，一开始可以利用免费课吸粉，再通过讲课圈粉，最后沉淀到你的私人微信号上。
- 如果你喜欢写作，就尽快开通微信公众号或今日头条号，通过内容吸引粉丝关注。
- 如果你是某个领域的专家，那么你可以去在行开行家账号，做一对一咨询。
- 如果你擅长做社交和短文案，那么你可以好好运作新浪微博。
- 如果你很擅长做社群运营，那么你可以利用自己的专业知识，去知识星球创建你的付费社群。
- 如果你对短视频感兴趣，那么你一定要开启微信视频号、入驻抖音、快手或 B 站。

这个匹配非常重要。我有一个朋友是教手机摄影的，他勤勤恳恳耕耘微信自媒体 3 年，粉丝也只有 1 万。但是他进入抖音后，通过教别人拍照的技巧，3 个月粉丝就达到 300 万。

所以，你要找到最适合你的平台作为你的主赛道。

第四步：研究平台运营规则

在你选择好一两个和个人相匹配的平台之后，你下一步要做的是注册自己的个人账号，然后一边做一边研究平台运营规则。

每个平台都有自己的游戏规则，但我发现很多人都不去研究。以抖音为例，抖音官方账号会分享非常多的涨粉知识，但是多数人压根不知道。

我刚做微信公众号时，非常努力地更新文章，但就是无法涨粉。于是我一边拆解市面上的爆文，一边付费学习公众号的运营知识。通过所学的运营方法我实现了粉丝的增长。如果我不学习，不去了解平台运营规则，我就不可能将粉丝做到 50 多万的规模。

第五步：聚焦做垂直定位

在运营各平台个人账号的过程中，你要时刻谨记打造个人品牌的定位。你不能今天分享育儿，明天分享宠物，后天分享读书，大后天分享美妆，这样的定位是混乱不堪的。所以我在本书第三章重点强调定位的重要性。只有调性前后一致，你才能吸引对你有兴趣的同频粉丝。

当然，你的定位可能无法一次到位，你可以多尝试。我刚做公众号时，也尝试过不同的定位，后来我发现自己写成长类的干货文最有心得，而且阅读量最大，于是我最终定位为成长类。

一旦确定了定位，就不要轻易更改，同时放弃其他不相关的定位。

第六步：不断输出专业知识

想要吸引粉丝，除了定位，最重要的就是内容输出。

社交平台的内核就在于：不断输出有价值的内容。

无论是讲课、写文章，还是做短视频，都离不开内容，而且你要不间断地输出。

如果你想吸引粉丝，就需要打造你的人格魅力，同时不断输出专业价值，用粉丝听得懂并喜欢的方法展示给他们。

判断你的内容输出是否有价值，有四个指标：粉丝关注、留言、点赞、转发。你自己觉得内容好没有用，粉丝觉得有价值才有用。所以，社交平台是内容的试金石，有没有效，通过四个关键指标就可以得出结论。

第七步：坚持深耕

最后一步是坚持深耕，通过不断输出内容和运营实现涨粉的目标。

这个坚持有两方面的含义。

一是你要坚持做才能见到效果。粉丝的累积会经历一段非常艰难的时期，事实上，绝大部分人都在坚持了一段时间看不到希望时放弃了。

二是要智慧地坚持，如混圈子要找高手学习。我进入自媒体时已经是自媒体红利末期，我一进去发现涨粉太难了，于是果断选择混圈子，靠近厉害的人，向他们付费学习，然后仔细研究写爆文的方法，就这样慢慢地成长起步了。

如果你的学习能力够强，能智慧地坚持下去，粉丝就会逐步增加。坚持和学习力这两点足以拉开很多人的差距。

我有很多学员，公众号写了几年，阅读才几十或一两百。我看了他们写的内容，晦涩难懂，冗长乏味。所以不要用战术上的勤奋掩盖战略上的懒惰。

通常在一个社交平台上找到感觉之后，你就可以多平台统一化布局你的个人账号，多维度扩大你的个人影响力。

当你在社交平台上拥有一定数量的粉丝之后，你可以直接在平台上用文案推广你的产品，也可以通过直播的方式实现带货，后续可以通过一系列活动和方法，让他们加你的个人微信号，或者进入你的社群，实现多维度触达客户。

精准获客：两招帮你大规模吸引精准客户

社交平台固然好，但要想达到一定的规模，需要一个过程。普通人和中小企业还需要掌握操作性更强和快速找到精准客户的方式。

我有很多学员在开始创业时，苦于没有客户而无法顺利开展业务。盯着问题看，永远找不到解决的钥匙。我们要做的，是看到问题的背后，从源头找解决方案。

既然没有流量，我们就应该去有流量的地方。哪里有精准流量呢？我向你介绍两个地方，一个是和你的品牌相关的产业，我称为异业。另一个是流量多的地方，我称为流量聚集地。

异业联盟

当我还在职场做高管时，我负责公司品牌的电商业务。那时我们做得最多的就是异业联盟活动。

异业联盟是指同行业不同商业主体之间的联合合作。我以前是做婴幼儿奶粉的，我们会和奶粉客户相关的同行，类似纸尿裤、奶瓶、婴儿服、童车等品牌合作。

异业联盟建立在一个大行业里，不产生竞争关系，又共享有相同需求的客户群。当我们举办联合活动时，别的品牌的客户可能会购买我们的产品，同理我们品牌的客户也会购买其他品牌的产品。这样互相导流，各个品牌的客户群都扩大了。

这种合作在自媒体圈也很常见。我们经常推荐自己欣赏的公众号给各自的粉丝，对粉丝来说，他们增加了一个可选择的优质内容阅读平台；对我们而言，我们成功地实现了相互导流，扩大了粉丝人数，所以这是一件双赢的事情。

那么你怎么通过异业联盟增加粉丝或客户基数呢？

首先，你需要思考你的产业可以合作的机构有哪些，它们可以是你的上游、下游或同行。你可以采用**客户画像倒推法**，即分析清楚你的客户类型，然后从客户角度思考，什么产业和客户相关。

在我做婴幼儿奶粉产品时，我和同事们就采用了客户画像倒推法，我们客户精准画像的主流是 0~3 岁的宝妈，通过推测这类宝妈会购买什么产品，我们找到很多相关产业，比如纸尿裤品牌、辅食品牌、益智玩具品牌等。

在做自媒体时，我和同事同样采用了客户画像倒推法，先分析清楚我们公众号粉丝的主流人群，然后倒推这类人群最喜欢看哪类公众号，做出公众号清单，之后找这些号主进行合作，互相推荐。

接下来我将详细拆解一个案例。

我有一个学员，创业做儿童摄影。由于第一次创业经验不足，开业两个月后发现上门的客户太少了。她想拓展客户源，但是又没有这方面的资源，怎么办？

在向我咨询的过程中，我们采用了客户画像倒推法，首先分析她的客户人群是哪一类人。她告诉我客户群主要是 1~6 岁的孩子，于是我们分析这群孩子的活动半径。在分析过程中，我们发现了一个地点：幼儿园。如果免费给孩子们拍照，是不是能增加新客户呢？

于是她找了自己所在小区的幼儿园，设计出一个免费产品，给幼儿园的小朋友拍艺术照，拍完后还免费制作了一个挂历。

她给每个小朋友都拍了很多照片，但是免费的只有 3 张，如果想要更多的照片，就需要付费。不过，她同时给了宝妈们超多优惠，这激发了宝妈们的购买欲。她还推出很多转介绍赠券，鼓励宝妈们送给朋友。

我的学员通过这个项目成功地打开了市场，之后她将这个成功的案例复制到其他幼儿园。仅通过异业联盟这个项目，她在第一年就成功地拥有了数百名客户。这些客户加她的微信接收照片，之后她通过社群团购活动实现了持续裂变。就这样她的业务发展起来了。

和异业联盟合作，你可以采用客户画像倒推法，找到和你的客户相关的产业。

在联合活动中，你最需要考虑的是超值资源交换，也就是你能给别人带来什么超值的资源。

在儿童摄影这个例子中，我的学员采用的是免费拍摄的资源互换。这样幼儿园老师乐意合作，家长们也支持。所以，你在设计合作方案时，应该考虑提供什么样的超值资源，能让对方愿意合作。

异业联盟带来的粉丝是非常精准的。我的很多学员跟我学习异业联盟的方法之后，都增加了很多粉丝和客户。有位学员是做健康养生的，她学完后立即去其他合作群免费分享干货，几场分享给她带来上千个精准潜在客户。

还有位学员是生产耳机的，跟我学完后找到异业联盟伙伴，签了百万大单。

购买流量，付费推广

免费流量很稀缺，付费流量却非常充沛。如果你愿意付费，就有机会获取源源不断的精准流量。

这几年，我见过很多护肤品牌通过购买流量而大放光彩的事例，它们都能证明流量很重要。

有个护肤品牌叫 HFP，我最早接触这个品牌时，它还名不见经传。现在它的淘宝旗舰店有 765 万粉丝，排名靠前的产品，每个都有十几万的销量。每次淘宝官方举办活动，HFP 都名列前茅。这只是它的淘宝店，还不包括其他店铺。它的微信公众号阅读量篇篇 10 万 +，微信商城的销量也非常可观。

HFP 是如何在短短几年内交出如此漂亮的答卷的？就是通过购买流量，付费推广。

在品牌刚起步时，HFP 把目光聚焦在微信公众号上。其负责人甄选出优质的公众号，开始花钱投放广告。那个时候，还没有太多人重视微信公众号流量，更没有人意识到博主推荐的强大力量，所以 HFP 一经推出，很快就引发了粉丝的关注。HFP 将购买了产品的客户，或者对产品感兴趣的粉丝引流到官方公众号。日常通过做活动，不断刺激购买。

HFP 付费推广之所以如此成功，是因为做对了关键几步。

第一步：挑选优质的公众号

HFP 挑选的优质公众号具有几个鲜明的特点，即号主具有个人魅力，对粉丝影响大，同时女性粉丝偏多。粉丝属性和其客户画像非常匹配，所以吸引的都是精准的潜在客户。

第二步：写出高转化率文案

HFP 深知文案对产品转化的重要性，它们在文案上苦下功夫，同一时期 HFP 有多种不同文案投入市场做测试。如我前文所说，同样的内容、不同的文案带来的效果截然不同。所以，经过市场层层测试筛选的 HFP 文案通常都能带来高销量。

第三步：产品定位和口碑极佳

公众号博主对自己的推荐都很谨慎，产品口碑不好的品牌是不可能获得长期合作的。而 HFP 的定位是独树一帜的原液市场，这个领域鲜少有强大的竞争对手。同时，HFP 的产品口碑非常好，客户复购率很高。所以，博主很乐意和这样的优质品牌长期合作。

第四步：广撒网扩名气

在早期购买公众号流量方面，HFP 应该是最激进的商家之一。

它采取的是广撒网的模式，市场上只要是符合客户画像的优质公众号，HFP 都会长期合作。正是由于 HFP 持续的推广模式，让这个品牌很短时间就为众人所知。

有些粉丝留言给我们说，到处都能看到这个品牌，那我就买一次试试看吧。尽管 HFP 今天已经是全网领先品牌，但是它仍然在不断地购买流量，增大和加强自己的品牌形象。

第五步：设置低门槛吸粉

在 HFP 以微信为主要销售渠道时，每次它与公众号合作时，都会针对不同的产品，设置非常优惠的促销价格。这样可以驱动潜在客户购买。现在它会和官方旗舰店的活动结合起来，同样提供优惠价格促进购买。

现在 HFP 在全网都在持续投入，不断购买流量，除了微信公众号，还有主播带货、短视频、电商平台等。

除了 HFP，还有很多品牌都是靠购买精准流量、付费推广产品成功起步的，比如我们长期合作的植物洗发水品牌植观、零添加面膜品牌名膜壹号，这些都是产品质量非常高的优质品牌。

我接触过很多传统品牌，它们都苦于流量有限，想学 HFP 购买流量，但是它们要么不敢尝试，要么浅尝辄止。因为它们一方面止步于付费流量的高额成本，另一方面对文案转化没有信心，更重要的是，它们没有把流量获取当成一件长期必做的事。

如果你也想尝试购买流量，付费推广你的产品，那么你需要懂得短期和长期概念。

短期：你要计算清楚你的投入产出比。假如一次推广成本需要 3 万元，你的产品和运营成本是 50%，则意味着你实现收入 6 万元，这个投资就没有亏，因此付费推广可以继续操作。

在计算投入产出比的过程中，最关键的要素就是，**选择优质流量，同时优化推广文案**。

长期：如果你的品牌需要不断推广知名度，同时累积潜在客户，那么付费推广这件事应该是长期要做的事。这就等同于淘宝的商家会长期投资淘宝直通车、钻展一样。即使短期投入和成本不能完全打平，但考虑到品牌推广和增加潜在客户的目标，也应该做长远打算。

通过不断地购买流量，你可以培养出对这个领域的熟悉度和敏感度，同时也能提高品牌的文案转化能力。

另外，你要建立自己品牌的微信公众号和微信商城，这样才能把客户沉淀下来。

之后，你可以通过社群服务或一对一咨询的方式，让客户添加客服微信，将客户导入企业号的私域流量中，这样就能更近一步接触客户。

引流涨粉：两步让你轻松加满微信好友

想要成功开启线上赚钱业务，你的微信好友人数非常重要。微信好友也就是我们说的私域流量。拥有 300 个好友和 3 000 个好友，在势能和影响力上是截然不同的，其线上业务带来的结果也完全不一样。

因此你所有的目标，都应该是尽可能地扩大你的微信好友人数。

微商从业人员都知道这个道理，早期很多微商采用摇一摇或疯狂加好友的方式加人。这样做虽然数量增加了，但是质量一塌糊涂。别人对你一无所知，即使通过了，一看朋友圈全是广告，马上把你拉黑。这种增加粉丝的方式，是最无效的。

我们要做的是接触相对精准的潜在客户，当你们成为好友之后，在任何时候他们都有机会看你的朋友圈，你也可以跟他们进行一对一交流。

因此，增加好友有两个核心目标：增加好友基数，好友相对精准。

其实我们日常随时可以添加精准好友，可惜大多数人对这一机会都视而不见。这一节我将和你分享两个特别有用方法，帮助你轻松加满 5 000 个微信好友。

第一个方法：社群涨粉

我们每个人都会在很多不同的微信群里，微信群是一个特别好的涨粉地点。

通常微信群分为免费和付费两种，付费社群的质量一定好过免费社群。而且收费越高，社群质量越高。这个道理很简单，因为付费这个动作已经对人群进行了筛选，愿意付费进入的人，说明他具备一定的信任度和黏性。而免费社群里鱼龙混杂，人们往往不是因为信任进来的，只是被“免费”吸引进来的，因此信任度很低。

什么样的付费社群比较好呢？最好的就是学习类的付费社群，学习类的社群，里面的人素质整体偏高，对新事物的接纳程度会更高。

很多人在社群里只知道默默地潜水，从不和别人交流，学习完了也没认识一个朋友，这是非常可惜的。何为贵人？人人皆贵人。在一些高质量社群里，你很有可能认识和你同频的朋友。

作为一个参与者，在一个几百人的社群里，你怎样做才能吸引别人的关注？你怎样做别人才愿意添加你为好友？这些都需要一些方法和技巧。

我的微信每天都会收到很多添加好友的请求，我一般都不会随意通过。每个人的微信好友添加人数是有限的，对我来说，每个位置都很珍贵，我自然要留给真正有诚意添加我的人。

所以，当你主动添加别人时，如果想提高通过率，你应该在加别人为好友的时候给他一个通过你的理由。比如：

×××，你很优秀，我想添加你向你学习。

我是你的同行，想和你成为朋友深度接触。

你刚才的发言太棒了，我想认识优秀的你。

总之，给别人一个理由，让别人看到你的诚意，你被通过的可能性就会大很多。

如果能让别人主动添加你，那么效果会比你主动添加别人更好。排除那些机器加人或者群添加的，别人会添加你说明他对你有印象或感兴趣，所以愿意和你进一步交往。

因此，如果你想吸引更多人，你得在社群里多展示自己，并且体现出你的价值所在。

我曾经在一个高端社群里做过一次分享，那一次我用我的专业知识征服了大家。300 多人的群，有近 200 人添加了我的微信，他们添加我时都对我表示感谢，并想跟我继续学习。他们中不少人成了我的学员。所以，如果你在每个社群都能成功吸粉，你的微信精准好友数就会大幅提升。

我的学员小太阳是一个很文静的文职人员，之前微信好友数只有几百人，在跟我学习了一年多后，微信好友人数增加到 6 000 人。所以掌握圈粉方法很重要。

要和群主搞好关系

要尊重社群的文化和氛围。在群里多帮群主或运营人员说话或做事。不要说和群主或社群无关的话题。如果有可能，争取加入核心运营群，这样你就能吸引群主的关注。

争取分享的机会

如果社群里有分享的机会，你一定要争取。而且这个分享你要认真准备干货，复盘和认可群内学习的效果，分享你的学习心得和成果。如果你能达到一鸣惊人的效果，就能实现一次分享圈粉无数。

多赋能他人

你在群里要时不时与人互动，用认真的学习态度赋能别人。比如分享课后笔记，点赞或者点评同学的作业，展示听完课后自己取得的成果，多给别人鼓励，帮助别人解答问题，等等。积极主动地参与互动，能让你给大家留下好印象。

如果你能掌握高效混社群的方法，就能通过社群一次圈粉很多人。如果每次你都能涨粉一两百人，一年下来就有上千人。而且这些都是高质量的人，他们很有可能成为你的优质客户。所以一定要主动走出去，联结和结识更多高素质、高能量的人。

我的很多学员都通过学习社群涨粉方法，从原来的 300 好友，增加到 2 000 甚至更高。事实上，只要你有社群涨粉意识，你的好友人数就肯定能成倍增长。

第二个方法：老客户转介绍

研究表明，一名销售人员如果能得到客户的推荐，那么最终达成销售的成功率比陌生成交至少增加 50%。所以老客户推荐的成功率非常高。

在流量稀缺的时代，任何商业模式都应该有裂变思维，而客户转介绍就是裂变的一种。

那你如何能让老客户帮你做介绍呢？有两个关键词：**付出和机制**。

第一个关键词：付出

付出有两层含义，第一层是你的产品要真正物超所值。你的产品能让客户感觉良好，他们很乐意使用。感觉好是转介绍的第一要素。如果产品很差，无论你怎么做，客户都不会转介绍的。

第二层含义是你必须从客户的角度思考，你帮助客户做了什么样的事情，让他对你产生了信任感，你是否真正关心客户，而不是只从客户身上获取利益。

这个付出基于人和人的交往原则，也就是你始终关心对方，愿意为他做些事情帮助他，让他感觉到你的真诚和你对他的关心。

我的学员 Anna，最近签了一个百万元的订单，她是怎么做到的？她有一个客户，这个客户成交过一张很小的订单。有一天，客户来 Anna 所在的城市旅游，Anna 请他吃饭，并全程热情地帮他安排旅游。在 Anna 的安排下，客户度过了非常开心的 5 天。于是，客户对 Anna 产生了好感和信任感。客户回去后主动咨询保险事宜，加大了购买保险的额度。不但如此，客户还把 Anna 介绍给自己公司的同事，有 10 个人都向她购买了保险产品，于是 Anna 成为公司当年百万签单最年轻的保险经纪人。

所以，想要让客户转介绍，你需要让客户对你产生信任感。

第二个关键词：机制

VIPKID 是一个在线英语教育机构。有一次我无意中在朋友圈看到我大儿子同学的妈妈发出来的海报，海报上有她儿子在 VIPKID 学习的照片，还有一个二维码，扫码可以免费领取价值 188 元的外教一对一试听课。

我一时好奇就扫了二维码试听。我大儿子学了之后感觉很好，于是我有了报名的冲动。这时 VIPKID 工作人员告诉我，由于我是通过朋友链接报名的，因此我报名可以获得额外 5 节赠送课，而我儿子的同学会获得额外 10 节赠送课。这样一来，我报名三方都皆大欢喜。

我加入之后，老师提醒我每个月都可以发一张推广海报，只要我转发了，就可以得到 1 节赠送课，而且发海报之后，一旦有人扫了二维码报名试听并购买了课程，我就可以获赠 10 节课。

整个过程都非常容易操作，海报和文案也有多种选择，不到一分钟就能操作完成。既然产品好又有赠课，那么转发一下何乐而不为？

VIPKID 这几年发展如此迅猛，和成功的转介绍机制密不可分。

我用 VIPKID 举例，是想说明在转介绍机制中，除了让客户有收益，你还要设计得让客户感觉一切都顺理成章。

你得给客户一个推荐的低门槛，让他们推荐起来没有顾虑，动动手指就能分享。参考 VIPKID 的做法，分享的人不用发愁文案怎么写，而且推荐的是一门价值 188 元的免费试听课，这样推荐起来毫无压力。

因此，如果你想客户转介绍，就应该思考如何实现分享简单、低试用门槛的双重因素。

当你的转介绍机制建立起来之后，你只需要让客户知道你有这样的机制，然后鼓励客户进行转介绍。你不用有什么顾虑，事实上，如果你和客户建立了信任关系，只要你的产品足够好，有极易上手的转介绍工具，客户就会愿意帮你转介绍。

除此之外，还有很多裂变涨粉的方法，包括自我介绍涨粉、互推涨粉、团购裂变、内容涨粉、直播涨粉、干货分享裂变等，这些都是我们常用的涨粉方法。

你需要把涨粉裂变当成你工作中必不可少的一部分，在做中不断思考、实践和创新。

/ 本章小结 /

这一章的关键点是如何获取更多的客户。在线上从事商业活动，你需要拥有源源不断的精准潜在客户源，这样才能有更多的客户。

我从社交媒体、流量获取和私域流量增粉三个维度，帮助你打开流量开关。

- 社交媒体：找到和你的能力特长相匹配的社交平台，通过研究平台的运营规则，不断输出专业知识来精耕涨粉。
- 精准获客：通过异业联盟活动和购买流量付费推广的方

式，获取精准客户。

- 引流涨粉：利用社群涨粉和老客户转介绍机制，不断地吸引粉丝的关注。

读完这一章，我想请你思考下列问题：

√ 你计划在哪个平台打造你的个人品牌？

√ 通过客户画像反推法，你能否找到你的产业联盟伙伴？

√ 在付费推广方面你有没有可以执行的思路？

√ 你如何通过社群快速新增精准客户？

√ 你的产品符合既分享简单又低试用门槛的转介绍机制吗？

/第七章/

商业体系篇：

打造能形成闭环的商业体系

市场营销最核心的内容一直以来都是这样，
即合适的产品、合适的渠道、合适的价格、
合适的宣传信息和合适的营销团队。

——杰克·韦尔奇

产品组合：产品组合拳让业务源源不断

在开拓线上赚钱业务时，除了要引流获客，我们还要有闭环思维。很多做业务多年的人从没有听过“闭环”二字，事实上，它是商业成功的精髓。

所谓闭环思维，是指设计客户、产品和服务对应的配套设施，让客户尽可能长时间地留在你的商业体系中。

试想一下，流量如此稀缺，获客成本居高不下，客户好不容易来你这里，你却不能留住他们，或者他们只购买一次就离开了，这对你来说是一个多么大的损失啊！所以，你要思考如何让他们成为客户，并且在你这里多次购买。

我有一个学员叫龙云，她是教写作的，在参加了我的销售成交实战训练营之后，她向我咨询她遇到的一个困境。龙云的写作能力很强，课程内容也不错。上过她的课程的人满意度都很高。

但是她的产品很贵。她的课程要上两个月，收费 2 999 元。她想知道怎样才能吸引更多的学员。她全职做了一年的写作课，但每次招生都十分困难。

龙云认为她的困境在于不懂引流，但我认为，即使她会引流也很难转化，即使能转化也无法留住学员。可以说，她整个产品的策略都有大问题。

我的一个同学代理了一个国外护肤品牌。她通过在各个电商平台开品牌旗舰店进行销售。她做了一年多，生意非常惨淡。当她向我咨询时，我问她："你的产品哪款是引流爆品？核心爆品是哪一款？"她说她也不知道。于是我去她的旗舰店浏览，发现产品价格都差不多，20 多款单品价格都在 200 元到 300 元之间。

于是我问她她的产品策略是什么，她皱着眉头说没想过这个问题。

读了上述两个例子，不知道你感受到什么没有。不了解产品策略的人，生意很容易陷入困境。无法扩大客户规模，无法提高转化率，就无法留在客户。

所以，当你开展线上赚钱业务时，我希望你能有产品策略意识，即设计出自己的产品组合拳。

所谓产品组合拳，就是你的系列产品的定位。每款产品都应该有它相应的定位，这样它才能在不同场合发挥不同作用。

通常，一套产品中，产品的定位应该包括以下四种：

- **引流爆款产品**
- **核心爆款产品**
- **高价利润产品**
- **周边产品**

上述四个定位就是产品组合拳概念。现在我们详细讲解产品组合的定位意义。

引流爆款产品

对于大部分商业模式而言，客户数量是最关键的一环。很多人一做生意就急于变现，这样的思路会让你的业务很快进入瓶颈期。相较于成交额，成交数量更为重要。

所以，你要寻找或制造一款超高性价比的单品，让所有被触达的潜在客户不假思索地购买它，我将这种购买行为称为“不动脑决策”。这意味着这款产品吸引力实在太强了，所以客户几乎不用考虑就会购买。

获取新客户非常困难，因为客户有信任成本，他们对你不熟悉，怕上当怕买错。如果你可以给出一款超低门槛的优质产品，客户就可以快速做出购买决策。即使错了，也没有太大的损失。但是如果客户感觉好，那么他们很有可能接受你，成为你的忠实客户。

因此，这款引流爆品需要符合三个条件。

（1）价格相对超低。相较于你的整个价格体系，这款产品价格超低，容易让新客户成交。

（2）超高性价比。这款产品质量非常高，且价格非常优惠。

（3）刚需产品。这款产品是人们日常用得到的东西。

所以，你要打造引流爆款产品，从而吸引更多的客户购买。

可能你会担心，如果这样做，就没利润了。

我的建议是，只要不亏钱你就应该去做。因为只有扩大客户基数，你的业务才有动力引擎。

有些人用一些边角料做引流单品，这种做法无疑是搬起石头砸自己的脚。客户购买使用后就永远不会回头了。你必须用好的产品吸引更多的客户，他们感觉好了，才有兴趣尝试更多高价值的产品。

核心爆款产品

这类产品无论是定价还是产品性能，都应该是你产品的中坚力量。它是品牌形象的代表。在做促销活动时，核心爆款产品应该是主推系列。

核心爆款产品应该聚焦，这样才能引爆。它是你销售额的主要贡献者。人们谈到该产品就能想到你的品牌，谈到你的品牌就会想起核心爆款产品。

核心爆款产品具备以下几个特点。

- 品牌最主流的产品。
- 经过验证销量最大。
- 价位适中不高不低。
- 质量和口碑均最好。

作为品牌的产品代表，你要集中所有资源，把核心爆款产品的名声打响。

高价利润产品

不像核心爆款产品，这类产品出货量不是最大的，它们定价更高，质量更好，也具有比较高的利润。

它是你品牌的调性所在，也是你高端会员必买的产品。

周边产品

周边产品是指主流产品以外的其他产品。如果你是卖护肤品的，你的店里也许会出现眼罩、面膜纸、按摩板这类周边产品。

周边产品存在的意义是作为正品的补充，用以提高客户每次购买的单价。

根据这样的产品组合拳方法，回头看龙云和我同学的案例，你是否找到了问题所在？

龙云只有一个产品，而且价位很高，所以从产品组合拳的角度看，她缺失了引流爆款产品和核心爆款产品。这两个产品系列是最重要的销售量贡献者。所以她既无法引流，也无法吸引更多的客户。

再来看我同学的例子。她的产品几乎都是同等价位，同样没有产品组合概念。当她营销时，她应该主推哪一款？没有重点就意味着无法发力。

如果想做好，就需要对产品进行组合拳设计，设置引流爆款产品、核心爆款产品和高价利润产品。

由于定位不同，各个产品的分工和贡献也不同。

从价位上看，引流爆款产品价位最低，核心爆款产品价位中等，高利润产品价位最高。

从销售量上来，引流爆款产品贡献最大，核心爆款产品次之，高价利润产品最少。

从销售额上看，核心爆款产品最多，高价利润产品其次，引流爆款产品最少。

这样分工，每个产品都能发挥它们的不同作用。

无论是代理产品还是孵化产品，你都要有自己的产品组合概念。

如果你是代理产品，那么你需要考虑哪个产品是引流爆款单品。在这款引流产品上，你要挑选门槛低、性价比高、刚需的产品。用这个产品吸引更多人成为你的客户。

同时你需要挑选和打造核心爆款产品。这款产品不应太多，一般一两个就够了。然后你要将你的核心资源投入这个爆款产品，让它成为客户必买的口碑产品。

这两步最关键，就好比你是一位将军，你需要对你的士兵进行排兵布阵，你要决定谁打头阵，谁做主攻。

只有这样，你才能根据客户分类，一步步迭代升级你的产品，从而打造出和客户身份相匹配的产品组合。

产品孵化：利用 MVP 成功孵化自有产品

我有很多学员都想打造自己的个人产品，这些产品包括教育类产品，也包括实物产品。但是孵化产品有个摆在眼前的问题，那就是劳心劳力花了很多钱，做出来的产品未必有人买。有可能既损失了金钱又耗费了时间，这个代价非常惨重。

我有个 EMBA（高级管理人员工商管理硕士）同学，他的梦想是打造中国最好的不锈钢锅品牌。有了这个梦想之后，他果断辞职，把多年的积蓄全部投了进去，做了 3 年却以倒闭收场。

我们除了拍拍肩膀安慰他，也找不到更好的方式。其实在互联网上创业，完全可以智慧地孵化产品，不能一味蛮干。

假如你想自己开发一个课程或产品，怎样做才能最大化提高成功率呢?

这就涉及我要向你介绍的一个概念，我们可以利用这个概念，即 MVP 孵化自有产品。

MVP 全称是 Minimal Viable Product，即最小化可行产品，它是《精益创业》一书提出的概念。指团队通过提供最小化可行产品获取用户反馈，并在这个最小化可行产品上持续快速迭代。

什么叫最小化可行产品？做过大项目的人都应该知道，想把一个巨无霸项目做好，就要把项目拆解成很多小模块，当每个模块都完成了，整个项目就做成了。

所以，MVP 就是要让你的自有产品，先从最小化可行单位做起，用最小化可行产品验证市场。

要实施 MVP，就要做到以下四个步骤。

- **第一个步骤：测试市场需求**
- **第二个步骤：孵化最小化可行产品**
- **第三个步骤：快速便宜试错**
- **第四个步骤：放弃或升级迭代**

接下来，我将详细介绍每个步骤的操作方法。

第一个步骤：测试市场需求

当你有了一个想法之后，你要去测试市场需求。这一步非常重要。很多人都活在自己想象的世界里，他们会想当然地认为自己的痛点就是全世界的痛点。他们一腔热血地做出一个产品，却发现根本没人购买。

我有个学员，曾经花 3 个月时间做了一门电商赚钱课。做出来之后付费用户只有几十个。她非常痛苦，想不明白为什么会这样，她自己做电商时走了很多弯路，所以她想当然地认为很多人都有这方面的需求。

真实的世界往往不是我们想象的那样。为了最大限度避免损失，你需要充分调研市场需求，这是你避免做无用功最重要的一步。

当只有想法或非常小的产品时，你就应该测试这个市场的需求。具体怎么做呢？

第一步：找到你的种子客户

他们应该具有以下这些特点。

- 你信任的人。
- 至少 10 人以上。
- 有不同的背景、学历、行业，单身或已婚。总之，样本要具有多样性。
- 找年轻人。年轻人指的是年龄或心态年轻的人。年轻人往往有更多的猎奇心，更愿意尝试新鲜事物。

第二步：一对一私聊

可以问他们以下几个问题。

- 你对这个想法怎么看？
- 你有这方面的痛点急需解决吗？
- 你对我这个想法有什么意见或建议？

第三步：尝试销售产品给他们

可以问他们以下几个问题。

- 你愿意购买吗？
- 你愿意付多少钱？

- 多少钱你才会购买？

测试市场有没有需求，要看种子客户是否愿意为你的产品付费。很多时候他们说有兴趣，可能是碍于面子。所以付费才能测出他们真实的购买意愿。

第二个步骤：孵化产品

当你测试市场需求得到正面反馈后，你就可以孵化你的产品了。在孵化产品时，你要谨记 MVP 概念，做最小化可行产品。

我的一位学员文学专业毕业，她有不错的写作功底，在跟我学习之前，她从未想过自己能够孵化产品。出于对我的喜爱，她来上我的销售成交课，被我“逼迫”出了一个写作小产品：收费 199 元的一对一写作指导。瞬间就有 30 多位学员报名。

之后，她在我的个人品牌训练营中，用我教的方法，推出 398 元写作训练营，也成功地招到几十位学员。她的课程采用小班制，课程内容不太多，主要注重一对一的学员服务。

当服务好这些学员后，她继续推出数千元的长期辅导 VIP 服务，帮助学员修改文章。

这就是一条比较成功的产品孵化路径。

如果你想孵化自己的知识付费产品，就不要把它想得多么完美和复杂。你可以先从一对一咨询开始，或者先做一个几十分钟的主题分享。做出这个小产品对你而言并不难，这样你也不会因为工程庞大而停滞不前了。当小产品实验成功后，你就可以升级迭代产品，然后不断丰富自己的产品体系。

做实体产品也一样，可能你有一系列产品，但是开始阶段你应该聚焦于推出小单品，而不是想得大而全。所有事情如果能够轻启动，就会简单很多。

第三个步骤：快速便宜试错

最小化可行产品做出来的目的就是试错，试错要把握两个原则，快速和便宜。

我前同事做了一个茶叶的代理商。之前他从来没有做过茶叶，他花了 20 多万元拿到该品牌代理商的资格。

但是做了两年也没什么进展。他跑过来跟我说，“我这也是用了 MVP 的概念啊，但还是失败了”。

我告诉他，这不符合快速便宜的试错原则。两年多才做一个试错，首先它已经不快了。再者用了 20 多万元试错，这个试错的代价也不低。

所谓试错，是要用最小化可行产品，最廉价最快速地不断试错，这样才有意义。

我的公司几乎每个月都有试错产品或项目，我们推新产品都从最小化低成本起步，这样就算错了也没有太大代价。而且通过不断试错，我们能够在很短的时间内累积丰富的实战经验。

第四个步骤：放弃或升级迭代

试错之后最重要的是复盘，这个复盘的意义在于，你要对 MVP 的试错做一个总结，是成功还是失败？如果失败了，你要得出一个结论，是因为你执行不到位，还是因为这个产品不够好?

如果产品不够好，你会收到非常多的负面信息。如果客户不够多，但是大家口碑还不错，可能就是执行不到位。所以你要综合考量。

通过复盘，你要得出结论，这个小产品是该放弃还是该升级迭代?

如果试错之后大家反馈不错，那么即使执行得没有那么完美，总体也是正面的。这时你可以再次试错，将执行做到位，然后判断下一步怎么做。

下一步你是要放弃这个产品，还是开始迭代升级？比如生产一个更贵的产品，或者扩充产品线。

无论孵化产品还是进入一个全新领域，我都认为你应该用这几步稳扎稳打。

我所有的产品都是用 MVP 的方式进行的。我尝试了很多线上赚钱项目，至今成功率是 100%。所有听过我的方法然后去实践的学员，成功率也非常高。

芒格说过："如果我知道会在哪里死去，我就永远不去那儿。"

每个人都应该学会用逆向思维避免失败，最大化提高成功率。

全局观念：
掌握一个公式实现销量最大化

既然你要开启线上赚钱业务，那么你需要对销售有概念。事实上，所有的赚钱背后体现的都是买和卖的关系。

有些学员在上我的课之前，他们线上赚钱的方式是卖一单算一单，他们从未想过如何提高自己的销售额，如何才能使销售最大化。

他们抱怨的都是没有流量，找不到客户。好不容易成交了一个客户，成交完就画上了句号。接下来又要不断寻找新客户。这就像走入一个死胡同，走着走着就到头了，然后重新来过，周而复始。

而真正的销售高手永远在做闭环，他们让这条路可以不断循环，永续前进。因此，你很有必要了解一些销售领域的重要常识。不要再做狩猎的人，要做农场主。

从多年的销售生涯中，我总结出一个非常重要的销售公式：

销售额＝潜在客户数 × 客户数 × 客单价 × 复购率 × 转介绍

无论你从事哪一行销售，这个销售最大化公式都具有极强的指导意义。这个公式该如何理解呢?

要想线上赚钱，你先要找到足够多的潜在客户，然后把这些潜在客户转变为真正的客户，之后利用产品商业模式设计，让客户不断提高购买客单价，反复购买，最后客户因为对你产品的喜爱和其他诱因，对产品进行转介绍，从而为你带来更多的裂变。

做好这关键的五个环节，你的销售额会大幅提高。接下来，我就每个环节进行详细讲解。

潜在客户数

任何赚钱项目都离不开客户，客户数量是最重要的关键因素。什么叫客户？客户只有一个定义，那就是购买了你产品的人。

客户和非客户的根本区别就在于，他有没有为你的产品付费。

而想要有更多的客户，你就需要有更多的潜在客户。如果没有源源不断的潜在客户，你的生意就会枯竭，这就是引流概念。很明显，如果你的潜在客户少，你的生意就很难做大。

想在线上开展业务，你需要时刻想着如何把潜在客户群做大。在上一章里，我向你介绍了不少引流获客的方法。这些都是在想办法扩大你的潜在客户数。

客户数

光有潜在客户还不够，销售的最终目标是变潜在客户为客户。转化率越高，成交金额越高。那么如何提高转化率呢？成交要素至关重要。

什么叫成交要素？就是那些可以帮助你转化的要素。这本书看到这里，你觉得什么是成交要素？

几乎所有和你相关的关键行为都是成交要素。朋友圈个人形象打造、文案推广、产品组合拳、引流获客、产品价值塑造、成交转化方法、社群运营、赢得客户好感，这些都是必不可少的成交要素。

很多人问我，销售要怎么逼单？我从不认为逼单有多重要。每个环节都做到位了，就已经完成了销售的80%，剩下的20%就是让成交发生。但是很多人都搞反了，在线上销售时，不停地疯狂发广告刷屏，或者不断“骚扰”客户推动购买，这就是把80%的力气花在了成交上，而过程完全被忽视了。

如果销售环节有10步，成交就是最后一步。前面的9步都是在做铺垫，你做好了前面的工作，成交的发生是自然而然的，甚至你都不用销售，客户就会主动找你购买。没有经验的销售方法，才会是扯着嗓子在那里吆喝买、买、买，这种方法注定是低效的。

客单价

客单价是指客户购买产品的单价。如果你有10个客户，每个客户购买的单价是100元，那么销售额是1 000元。假如每个客户购买的单价是1 000元，那么你的销售额是1万元。所以，客单价越高越好。

在设置客单价时，产品组合拳非常重要。你的产品有引流爆款产品，有核心爆款产品，有高价利润产品。通过产品的阶梯定位，你可以让客户不断提高客单价。

通常引导客户不断提高客单价的过程，就是先从低门槛进入，然后通过提供高质量的产品和完善的售后服务，让客户有良好的购买体验。

在这个过程中，你和客户能否建立紧密关系至关重要，你不能完成一单就结束了，应该要跟进，看看客户在使用产品时有没有需要帮助的地方。只有和客户建立了信任感，当销售人员推进时，客户才更容易接受。

复购率

复购率是指客户重复购买的比例。假设你有 20 位客户，客户买完你的100元产品之后再也不回头了，你的销售额就是2 000元。

如果其中的 10 位客户买完之后回头购买，这时你的复购率就是 50%。你的销售额就在 2 000 元的基础上增加了 1 000 元，就是 3 000 元。

仅从数据上看，你就知道复购对销售额提升有多重要。那么如何才能让客户回头购买呢?

在复购率方面，最有效的方法是设定会员机制。如果你的产品没有会员机制，想让客户回头是比较困难的。这就是为什么京东、沃尔玛都有会员机制。每年只需要交几百元就能成为会员，购买会员产品会更便宜。

客户一旦成为会员，就会为自己这个身份找到再次购买的理由。同时成为会员后会得到一些特殊权益，比如购物累积积分之后可以返现，或者生日购物半价等，这些会让会员有种与众不同的感觉。很多时候，客户为了累积积分会反复购买。

我是中国南方航空的金卡客户，成为金卡客户可以享受机场贵宾厅的服务，而且在飞机上也会得到空姐一对一的亲切问候。这些都让我觉得金卡很有价值。

为了保住金卡身份，但凡有选择，哪怕机票贵一些，时间不那么合适，我都只坐南方航空的飞机。因为要累积积分，而且积分还可以兑换里程。试想一下，如果没有积分的概念，我肯定不会只对中国南方航空一家这么忠诚。

客户转介绍

客户转介绍是让客户自动自发为你转介绍客户。无论线上还是线下业务，这都需要裂变思维。客户转介绍就是重要的裂变行为。

客户转介绍行为的发生，有两个必要条件：一是客户真心觉得好，诚意推荐；二个是客户推荐对双方都有好处。前文已经介绍过客户转介绍的方法，这里不再赘述。

《引爆点》一书谈及潮流的引爆，其中谈到有几类人能引发潮流。这几类人包括：联络人，即朋友众多的人；内行，即行业内最专业的人士；推销员，顾名思义即最懂销售的人。这三类人在人群中最具影响力。

你要做的就是找到这三类人，和这类客户搞好关系，给他们提供最好的服务，甚至帮他们做些事，比如买他们的产品，逢年过节送点儿小礼物，让他们感受到你对他们的重视。这类人在转介绍中往往会起到关键性作用。

实现销量最大化的五大要素：潜在客户、客户数、客单价，复购率和转介绍，每个要素都很重要。它们不是加法效应，而是乘法效应。如果能把这些概念理解透彻，并用心设计所有环节，你的线上赚钱业务不仅能起步，还能腾飞。

/ 本章小结 /

这一章我重点探讨了产品策略思维。当你拥有这种思维和能力后，你就知道如何利用产品吸引更多客户，并将他们长久地留在你的商业体系中。许多人做业务多年，从来都是成交一单算一单，这样的方法就算再努力也做不好。我们应该考虑的是如何利用产品和关键环节，形成商业闭环，让你的整个业务循环动起来，生生不息。

- 产品组合：设计产品组合拳，让不同产品有不同的定位：引流爆款产品，核心爆款产品，高价利润产品，周边产品。
- 产品孵化：用最小化可行产品，采用四个步骤测试市场需求，MVP，快速廉价试错以及放弃或升级迭代产品。
- 全局观念：在实现销量最大化的过程中，综合运用五大要素，包括扩大潜在客户，提高销售转化率，提高客户购买单价，加大产品复购率，推动客户转介绍裂变，让你的销售越做越好。

读完这一章，我想请你思考下列问题：

√ 你有没有为你的产品设计组合拳？你计划如何做？

√ 如果你要推出一个新品，你打算如何进行产品孵化？

√ 对于扩大销量的五大要素，你最需要掌握哪一要素？

√ 为了提高你的销售额，你下一步的行动计划是什么？

/第八章/

销售能力篇：让客户对你说“是”的秘诀

企业只做两件事，一件是创新，一件是营销。

——彼得·德鲁克

销售动力：驱动销售成功的真正动力

在我的职业生涯中，我一直从事的是和销售相关的工作。从最早期的销售助理开始，直到全国高级销售总监。无论身在职场还是自己创业，我的事业发展得都不错。可以说，是销售思维和技能成就了我。

世界上的商业行为，没有一个不是依赖于销售的，没有销售活动，我们的社会运转就会停滞、倒退。当今世界，只有商业活动才是财富的真正创造者。也因此，销售人员在任何行业都是最重要的人。产品再好，如果没有营销思维和销售能力，就不能为人所知。所以，对企业家而言，要想企业运转得更好，最重要的能力就是销售能力。

另一方面，销售是一个回报丰厚的职业。无论身在职场还是自己创业，从事销售的人收入水平都比其他人要高出一截。如果是在职场，这样的人职位晋升会更快。为什么会这样？因为对于企业来说，利润是最核心的问题，而销售成交能力是保证利润的关键。

我一直都知道销售的重要性，但是自 3 年前创业开始，我对销售重要性的意识比以前增加了不止10倍。销售能力在今天比任何时候都重要，移动互联网、移动支付和社交媒体，扩大了人与人联结的范围。

以前我们只能局限在自己的小圈子里，能拓展客户的渠道十分有限，但是现在不一样了，有无数社交媒体，比如微信公众号、微信朋友圈、抖音、知乎、微博、今日头条等等，让我们可以轻易地和更多人联结。一旦接触更多人，你的产品和服务就能满足更多人的不同需求，你就有机会卖出想卖的东西，从中获利。

我听很多人说过，想学线上赚钱，想轻创业，但是就是不喜欢做销售。这种思维模式是不对的。

线上赚钱就是一种商业行为，而商业的本质就是变现。一提到变现，很多人会产生非常奇怪的鄙视心态。请问，如果不变现，那么拿什么去持续投入，继续生产好的产品呢？又拿什么去支撑优质的客户服务呢？成功的商业是最大的行善，既帮助他人解决了就业，也能回馈社会，成就自己。

所以要从事商业，理所应当要变现。变现的背后是什么？就是销售成交。所有的商业都一样，贸易关系就是买和卖。如果你想赚钱，就要进行销售，不销售就谈不上赚钱。

很多人在企业打工是做非销售职业的，如会计、行政、产品研发等。所以一谈到销售，就觉得离自己很远。打工靠出卖自己的时间换取收入，这其实也是一种销售，销售你的时间给企业主。难道不是吗？

有销售思维的人，会把这份时间变得质量很高。不同的人会让自己的时间产出不一样的价值，以此带来职位高低和薪资的不同。

不管你做不做销售，销售能力都是人人应该掌握的技能。为什么？这个社会你见到的大部分成功人士，都具有极强的销售能力，这种能力不仅体现在产品销售上，更体现在与人打交道以及工作和生活的方方面面上。

事实上，人人都需要销售能力，即使你不以销售产品或服务为生，也在做销售。每个人的一生都在不停地做销售，只是大部分人没有意识到，我们自己才是这个世界上最宝贵的财富，如果能把自己成功地推销出去，你的人生势必会顺利很多。

面试是不是一个销售自己的过程？你可以把自己想象成一个包装得很好的商品，你要做的就是把自己成功地推销给对方公司。如果我们很自信，表达能力很优秀，逻辑和思辨能力很强，懂得如何把话说到别人心里去，那么通过成功的包装，我们就能够被录用，有更好的薪酬，这不就是一种销售吗？

你是一名项目经理，你需要老板的支持给你更多资源，从而加快产品开发。但是公司资源有限，其他项目也在争取这些资源。因此你需要举办一个会议，说服老板把资源给你，因为你认为你的项目对公司的未来发展至关重要。你的这次会议是不是一次销售？当然是。你要传递你的思想和内容，把你的观点卖给老板，让他认可你，并给你提供资金和各种资源支持。

所以即使你的职务头衔不是销售，你每天也在做着销售的工作，也在做着各种销售说服行为。所以，人生无处不销售，你要做的，就是把自己、把工作业绩推销出去，把负责的项目和研发的产品推销出去，让别人对你说“是”。

在这个万众创业、全民皆商的社会大环境下，销售再不是一种特定职业了，销售成交力是人人都应该掌握的技能。

为什么要讲这些呢？因为，如果你想做好线上赚钱业务，就得找到你的动力源。

你最应该做的就是先把销售的重要性销售给你自己。

你享受销售的过程吗？很多人做着销售的工作，心里却非常不认可这份工作。他们骨子里认为销售是卑微的，销售是唯利是图的，销售是急功近利的。

我原公司有个总监秘书很讨人喜欢，我一度想让她过来跟着我的经理去做销售，但是她就是不愿意。后来有一次她无意中透露，她很排斥销售，因为她最不喜欢被成交，所以也不愿意强迫别人成交，她觉得销售很功利。所以她宁愿守着微薄的工资，也不愿意挑战更高回报的工作。

很多人做销售是被逼无奈的，可能是找不到更好的工作，可能是起点比较低，总之做销售并非自己所愿。但是，现实是，你只有认可一件事的非凡意义，并享受这个过程，你才能做好。如果你觉得销售是一件痛苦的事，是一件不得已而为之的事，那么你是不可能做好的。

销售是所有成功人士必备的能力，我可以列出无数从销售领域成长起来的成功人士，珠海格力电器股份有限公司的董事长董明珠，长江实业的创始人李嘉诚，《富爸爸穷爸爸》的作者罗伯特·清崎。世界上没有任何事是不依赖于销售的，没有销售，商业就无法运转。因此，销售人员在各行各业都是非常重要的人。

对于企业来说，一个最重要的成功技能就是销售能力。因为产品、研发、团队这些令企业成功的因素都是成本，唯有销售是收入。一个企业如果能赢利，所有问题都不是问题。所以，销售能力是高收入和就业的保障。

著名管理大师彼得·德鲁克就说过，“企业只做两件事，一件是创新，一件是营销”。

除了把销售的重要性销售给自己，你还应该把梦想销售给自己。

在我看来，一个有着远大梦想的销售员是伟大的。

人的一生很短暂，既然生命如烟花般稍纵即逝，那么为什么不让它璀璨绽放？我们应该想清楚人生的意义在哪里。我们的存在能让别人过得更好，就是生命的价值所在。

因此，如果你有好的产品，应该努力推广出去，帮助更多的人，而不是让他们走更多的弯路。

销售人员，拥有良知和使命感非常重要，那就是有人因为使用了你的产品而变得更好。所以销售的使命不只是我好，而是我好、你好、大家好。

你为什么要做销售？因为你渴望改变命运，你梦想着自己和家人过上富足的生活。你想帮到更多人，让自己的人生更有意义。因为你对他人有价值，你就会越来越好，无论是在经济上还是在生活环境上。

我有一个朋友是一名心理学导师，她一门心思钻研心理学，希望能解决更多人的心理问题，但是因为不屑于销售，她不能为众人所知，更谈不上帮助别人了。

所以想清楚做销售的初心，只销售对众生有利的东西，让自己立起来，点亮他人的人生。

只有意识到销售的重要性和使命感，你才能享受这个过程，才能改善自己和家人的经济条件，才能帮助更多人。

销售源于爱，爱自己，爱他人。如果爱没有增加，一切都不会变化。

策略分析：
找到你的线上赚钱业务突破口

我还在职场做销售高管时，发现团队有个坏习惯，那就是一遇到困难，或者一被质疑，就会认为自己的产品不行，动不动就想放弃。

我通常的做法是带着团队做全局分析，通过多个维度客观看待问题，从而找到业务机会。

如果你的钥匙丢了，你会去哪里找？盯着锁孔永远找不到钥匙。同理，盯着问题看，你也找不到答案。我们要学会从问题的根源寻找解决问题的方法。

我发现很多人从事线上业务都是“两耳不闻窗外事”，他们不知道市场上的竞争对手是谁，领先者是谁，客户是谁。他们只知道自己的产品好，却不知道为什么卖不出去。显然，如果你对外界一无所知，当你遇到困难或者被客户拒绝时，你就会一筹莫展。

所以在这一节，我将分享我常用的 ABCDC 策略分析法，带你客观地看待产品和竞争环境，让你找到更多的市场机会。

A：Advantage，优势，即你产品的最大优势是什么。

如果你的产品有客户购买，就说明它有优势存在。那你的产品最吸引人的特征是什么？最大的卖点是什么？你需要列出至少10个最大、最吸引人的卖点，然后按重要性从高到低进行排列。

为什么人们要购买你的产品？

为什么人们要从你的公司购买这些产品？

为什么人们要从你这里购买这些产品？

你的产品和其他竞品相比有什么特有的卖点？

这些问题你都要想清楚，只有这样，你才能在客户面前充满底气。

B：Benefit，价值，指的是你的产品可以给客户提供的价值。

同样，你至少要梳理出10个价值点，按重要性从高到低进行排列。

你的产品可以满足目标客户哪些需求？

你的产品可以给他们提供什么好处？

你的产品可以解决他们什么核心痛点？

你的产品除了功能还能给他们带来什么样的独有价值？

你能提供什么独有价值给客户，而这些是其他竞品提供不了的？

如果客户不买，那么他们会有什么样的损失？

A和B的区别在于，A从自身出发，B从客户角度出发。客户买的是自身痛点的解决方案，他们不在乎你的产品有多好，只在乎你能不能解决他们的麻烦，让他们远离痛苦。

只有非常清楚这些提供给客户的价值，你才能更加自信和充满热情。你不会自娱自乐，而是会从客户的角度出发，告诉他们我的东西为什么能提升你的价值，你为什么要买我的产品而不是其他人的产品，你不买又会有什么损失。

C：Competitor，竞争对手，指的是你要充分了解你的竞争对手。

你主要的竞争对手是哪些人？他们的现状如何？他们都有什么优劣势？只有对竞品非常了解，才能做出正确的围追堵截策略。在做竞品分析时，既不要盲目自信，也不要妄自菲薄。

你最应该思考的是和竞争对手相比，你的优势和劣势是什么。你可以采用田忌赛马的方法，拿你的长处去对付竞争对手的短处。

我的一个学员是外企销售人员，在我的销售成交课上，她向我抱怨她公司的产品很难被卖出去，因为价格比国产的要贵很多。我启发她说："你觉得价格是唯一的因素吗？你可以想出来同类产品价格更高却卖得很好的例子吗？比如格力空调、戴森吹风机。它们比同类产品的价格都贵很多，如果你的理由成立，那么这些企业又是如何成功的？"

听完我的话后她明白了，虽然她公司的产品价格高，但是质量非常好，而且有业界唯一的五年包换政策。因此在客户抱怨价格昂贵的时候，她会强调自己的长处和给客户带来的独有价值，以此弥补价格贵的劣势。

D：Differentiation，差异性，即你的产品和核心竞品的差异在哪里。

通过以下三个步骤挖掘你的产品的独有优势。

第一步，客观了解核心竞品的独有特点。

第二步，分析你的产品的独有卖点。你的产品有什么好处是其他品牌没有的？你的产品在什么方面比市场上 90% 的同类产品或服务更好？

第三步，除产品本身，你还有什么差异化服务或机制，让你的产品远远优于其他产品？很多时候，最大的差异来自销售员本身。这些软指标有时比硬指标更重要。很多人都忽视了人本身的重要性。

C：Customer，客户分析，指的是全方位多角度了解你的精准客户。

我的学员经常咨询说：“产品不具有竞争力怎么办？客户投诉价格高怎么办？”

我会反问他们，请问你的产品有客户购买吗？请问你的产品有忠实客户吗？如果有，那么他们是哪类人？他们的特点是怎样的？既然产品在你眼中有如此多的问题，那么客户为什么要买？又是什么打动了他们？

当我问这些问题的时候，我的学生会陷入沉思，他们对客户可能一无所知，而且从来没有想过要对客户进行分析。

所以，我们需要对现有客户做分析。这样做的目的是找到你的精准目标客户群。

第一步，画出你的客户画像。谁是你的客户？用一张清单分析自己现有客户拥有的所有特征，如年龄教育、收入水平，你越清晰地识别自己的客户，越能发现更多同类的客户。分析过后，在旁边的规划栏写下来，根据特征分析，你理想的客户都具有什么特征？

这一步非常重要，我们越精确地画出客户画像，越能吸引精准客户。

第二步，分析重要用户。二八定律是 19 世纪末 20 世纪初意大利经济学家帕累托发现的。他认为，在任何一组事物中，最重要的只占其中一小部分，约 20%，其余 80% 尽管是多数，却是次要的，因此它又被称为二八定律。

销售也是如此。谁是拥有你 80% 业务量的 20% 的客户？他们有哪些共同点，你怎样才能找到更多与你这些重要客户相同的客户？他们都在哪些地方？

第三步，分析购买动机。为什么客户要购买你的产品？了解这一点你就能知道如何打动同类精准客户了。

你怎样才能知道他为什么要购买你的产品？最好的办法就是多问。问问你原有的客户，问他们为什么会购买你的产品而不是从别人那里购买，他们会告诉你答案的。

你可以在微信里了解或者电话访问你的某些比较忠诚的客户，告诉他们，你正在进行市场调查，你在和一些最尊贵的客户交流，以便知道未来怎样做才能更好地为他们服务，问他们是否愿意回答你几个问题。

- 您为什么会从我们这里购买而不是从别人那里购买呢？
- 您感觉从我们这里得到了什么样的益处或价值？
- 将来我该怎样做才能为您提供更好的服务呢？

通过客户回访，了解这些客户向你购买产品的核心原因。

除了问客户，你还要问那些不购买你产品的人，你不妨将这种拒绝作为一个新的机会，真诚地了解他们为什么不买。买不买都没关系，至少让他们帮你一个忙，让你知道真实的原因，这样也有助于你未来的提高和改善。

当你了解了这些重要信息之后，你就能知道你的产品的哪些方面可以满足客户的需求，哪些方面又是他们最为看重的价值。当你遇到新客户时，你可以说出这些关键因素打动他们。

《孙子兵法》说：“知己知彼，百战不殆。”通过ABCDC策略分析法，你可以找到产品的竞争优势，未来无论面对什么样的客户，无论他们提出什么样的问题，你都可以胸有成竹地帮助他们找到满意的答案。

销售演讲：
一场高转化演讲必备的三大方法

我的学员柒月是一名瑜伽教练，同时还有一份自己的小事业。她是一个热爱学习努力打拼的姑娘。一次偶然的机会，她来参加我的线下课。用她的话说，从此她脱胎换骨。因为她是 7 月份跟我开始学习的，为了纪念这个重要的月份，她把名字改为柒月。

到底是什么让她有如此大的改变，她又发生了什么变化？

答案就是演讲。

她做微商好几年了，一直停留在月收入 5 万元的水平上。事实上，这已经是非常不错的收入了。但是她并不满意，她渴望有更高的突破，但是苦于找不到方法。

她来参加我的线下演讲课，之后才发现，原来会演讲的人是如此有魅力，原来演讲可以扩大个人的影响力。过去的她只会一对一销售，从不敢在社群里进行一对多表达，更缺乏勇气对着众人做演讲。尽管她一直很努力，但是无论在个人影响力还是沟通效率上，她都遇到了瓶颈。

她跟着我学习演讲，我鼓励她勇敢地进行一对多表达，这让她从害羞不敢说，到敢说、到会说，再到一开口就能圈粉。她越来越自信，开始组建社群，开设课程输出专业内容，提升自己的商业系统。在跟随我学习半年之后，她的收入从原来的 5 万元飙升到 15 万元，连她自己都不敢相信。

这就是演讲的力量。丘吉尔说过，你能面对多少人，未来就有多大成就。

这几年，我教出来的演讲学员有数万名，他们中的很多人因为拥有了演讲能力而改变了命运，实现了升职、加薪、跳槽或收入倍增。可以说，只要懂得自信表达，人生就会变得和以前不一样。

5G 时代来临，演讲表达能力越来越重要。无论是视频直播、社群分享、开课还是日常沟通交流，你都需要知道如何表达才有效，如何说才能把话说到别人的心里去。

当你想要开启线上赚钱业务时，你一定会遇到一些关键时刻，比如社群分享、社群营销、沟通交流、短视频、视频直播、课程分享等。每个关键时刻，你都有能力建立个人影响力。当你面对客户时，你需要影响他们做出决策。当你面对团队成员时，你需要鼓舞他们的士气。只要你有机会和别人交流，你就应该有效地传递价值，帮助更多人。

除了线上，线下也是必不可少的一环。我有很多微商学员，他们都是一边在线上获客，一边在线上线下开招商会，不断拓展自己的代理体系。所以，当你的业务有线下场景时，你更需要学会演讲。

演讲是一门学科，如果你缺乏这方面的能力，就要通过系统的学习来获得。

当你在一个线上社群想做一场高效演讲时，你该怎么做？我给你介绍三个特别重要的方法。

第一个方法：想其所想

如果你要谈一个代理，在和她交流之前，你是不是要做些准备？准备什么呢？你是不是应该了解一下潜在客户，她现在处于什么环境中？她最大的痛点是什么？她现在最大的顾虑是什么？她可能会问你什么样的问题？你该如何解决她的问题，打消她的顾虑？

如果你毫无准备就过去和她谈，别人尚未开口，你就不停地介绍产品，使劲地夸自己的产品好，你觉得她会有什么反应？她是不是会看手机，表现出不耐烦的神情？可能她会找个理由说还有其他安排，草草结束和你的会面。使用这样的沟通方法，你自然是无功而返。

演讲最重要的是实现你的目标。那么该如何实现你的演讲目标？你最需要做的就是打动听众，把话说到他们心里去。

所以，我教给你的第一个方法就是想其所想。他们想听什么？怎么讲他们才会感兴趣？你应该想办法对你的观众做一些了解，而演讲必须从听众的角度出发。

你可能会说，我怎么知道他在想什么？其实，如果你能换位思考一下，就会知道个大概。

如果你是一名微商，要做一个招商会。你要事先知道，你的受众是谁？他们最想听什么？你要从他们的角度出发思考。如果他们是你的潜在用户，他们肯定不想听你做冗长的产品介绍。他们想听的是你的产品如何帮他们赚钱，你会提供什么样的销售支持，你的产品如何保证质量，你如何解决他们的后顾之忧。这些才是他们想听的，所以你的演讲应该从这些角度出发。

如果你要做一个非常重要的述职报告，你觉得你的大老板想听什么？她肯定不想听你说那些鸡毛蒜皮的小事，也不想听你无尽地吹嘘，更不想听你卖苦卖惨。那么她想听什么？她想听的就是你做出来的业绩，你对业务的近况和未来的看法，你做得好的地方，你认为需要提高的地方，以及你的下一步计划或未来的策略，这些才是她想听的。因此，你的演讲就得从这个角度出发。你要忽略那些执行的小细节，只讲老板想听的。

所以，打动受众的第一大方法，就是想其所想，从受众的角度出发。所有不从受众角度出发的演讲，都是没用的自娱自乐。

第二个方法：说其爱听

说其爱听就意味着你说的话对方喜欢听，什么样的话对方喜欢听？

第一种是让对方轻松开心的话。这时就需要幽默感，如果在演讲中增添幽默成分，观众一笑，效果就来了。幽默的前提是，你不能紧张且充满自信。只有消除紧张感，你才有机会幽默调侃。

我演讲时也会用幽默调节气氛。我幽默的方法就是调侃自己。前不久的一次线下演讲，我对台下观众说，我最近又胖了几斤，一度不想来演讲，因为所有衣服都穿不下了。为了来演讲，我三天三夜没吃饭，好不容易穿下这件衣服，我兴冲冲地过来的路上，扣子还是绷掉了。我说完大家都笑了，于是我成功地吸引了他们的注意力。

第二种是引用重要人物讲过的话。从心理学角度分析，每个人都喜欢自己说的话被别人牢牢记住，也喜欢自己说的话被别人引用。因此，如果你有机会在演讲时说，我记得张总说过，一个人最重要的能力是反脆弱……你这么一说，就会引起张总的关注，并让她对你产生好感。

第三种是巧用数字。人的大脑天然对数字敏感，喜欢听数字。作为演讲者，只要抛出数字，就能引起听众的注意。

假如你是做母婴产品的，你想表达生意不好做是市场大环境的原因，如果你说市场不景气，这样肯定没有说服力。但是你这样说就不一样了：

我们今年遇到非常大的挑战，让我们来看两个数字。1 700 万和1 300 万。前者是 3 年前婴儿的出生人数，后者是去年婴儿的出生人数。短短 3 年，少了 400 万，减少了约 24%。

你把数字抛出来，就非常有说服力了。听众马上就会想，那该怎么办呢？

第三个方法：充满激情

记住，状态决定结果。

如果你做一场演讲，状态不够积极不够热情，你的观众就会给你同样的回应。作为演讲者，一定要有镇住全场的气势。只要你拥有激情，你就有机会点燃现场，而现场一旦被点燃，你就具有了吸引力和号召力。

那么你如何才能充满激情和热情地进行一场演讲呢？你需要做好以下三件事。

- 自我打气。
- 熟悉演讲内容。
- 喜欢你所讲的内容。

如果对内容不熟悉或缺乏兴趣，你讲起来就没有热情，别人也不爱听。但是如果对内容非常熟悉和热爱，你就会变得很自信，你渴望将你的演讲内容传递给更多人，因为你知道你能够帮助他们。

所以我们就是观众的一面镜子，你开心他们就开心，你热情他们就热情，你消极他们也消极。

我的很多学员有一个共性问题，就是演讲时语调和情绪很平淡，这样很难调动演讲气氛。在我的课堂上，我会花很多精力调整他们的情绪和语音语调。

如果你也有这样的困扰，在日常生活中就要通过一些刻意练习，让你说的话铿锵有力，令声音听起来抑扬顿挫。那该怎么练习呢？

你可以通过朗读不断提高自己的演讲能力。每天朗读 5~10 分钟，挑选各种经典书籍来朗读，包括情感类、励志类、温情类的故事或诗歌，它们能锻炼你的语音语调，提高你情感的饱和度。

产品介绍：
四句话让你的语言表达立起来

从事线上赚钱业务，你一定会遇到向客户销售产品的时候。我的演讲训练营和销售成交实战营，都有现场锻炼学员销售的实战环节。我发现很多人都讲不清楚自己的产品。

有个学员这样介绍自己的产品：

我是一家教育机构的负责人，我特别热爱儿童教育，自己就是一个6岁男孩的妈妈，我在教育孩子的过程中自己也得到了成长，我立志把儿童教育作为我的终身事业。我们机构专门针对孩子的各项技能培养，把你的孩子交给我们，我会还你一个自信勇敢又充满梦想的未来栋梁。

她讲完后，听众都很糊涂，讲了一大堆，产品到底是什么，卖点在哪里，大家一无所知。还有些学员，一介绍产品就讲一大堆，根本不知道她们想表达什么，在讲的过程中，听众已经失去耐心了。

如果你想销售产品，但是连产品都介绍不清楚，那么怎么能让客户购买呢？

如果你想成为赚钱高手，就应该懂得如何简明扼要地介绍产品，并让你的产品充满吸引力。

接下来我介绍一个框架，熟练使用这个框架，你就能成功地介绍自己的产品。这个框架有四大要素：

- **功能**
- **卖点**
- **价值**
- **证据**

当你和客户做销售时，每个产品介绍都应该包括这四个要素。

首先是功能。功能就是说明这款产品的用途。每个产品都有自己的功能。苹果手机的功能就是智能手机，可以用来打电话、发短信、上网、发微信等。

其次是卖点。你的这款产品最大的卖点是什么？这个卖点需要从品牌自身角度出发。卖点用于区别和其他品牌的不同。

汽车品牌沃尔沃最主要的卖点就是安全，它是世界上最安全的汽车之一。

戴森吹风机的主要卖点是不伤头发并速干，吹干头发的速度比普通吹风机快了几倍，而且头发不会枯焦。

接着是价值。价值指的是你的产品能提供给客户的远超价格的收益。

价值有产品本身的价值，也有产品带给客户的感受价值。比如，我最近买了一瓶玫瑰精油，比普通玫瑰精油要贵很多，它的特殊价值就是，它来自世界第一玫瑰精油提炼产地保加利亚，

100% 原装进口。因为保加利亚玫瑰十分出名且很珍贵，所以这款精油在价值上能给客户良好的感受。

再比如香奈儿 No.5 香水，价格不菲，但是它的广告语用了玛丽莲·梦露的一句话："我只穿 Chanel No.5 入睡。"这就会给客户营造一种美好的感觉，那就是用了 No.5 后之后，自己将散发出无穷的魅力。这种自我良好的魅力感和吸引力感受是无法用钱去衡量的。

所以价值关键点就是营造一种感觉，营造一种让客户无法抗拒的良好感受。

最后一点是证据。证据是指有多少消费者使用过你的产品，他们是怎么为你背书的。证据对打动客户非常重要，因为人们往往不相信卖家说的，更愿意听买家怎么说。

淘宝网的买家评价就有特别重要的参考价值。作为消费者，我们常常不会关注产品详情信息，但会无比认真地看客户好评，以此作为购买决策的依据。

在客户证言中，要注意以下三点。

一是证据越多越好。也就是说，消费者对产品的口碑越好，对产品的背书作用越强。这种口碑可以使用照片前后对比、客户见证视频，或者客户好评留言等方式。

二是一个名人的背书顶无数个普通人背书。很多品牌都会用名人或意见领袖为产品做背书，一个 KOL（关键意见领袖）拿着产品给出好评，往往能引发众人的抢购。

三是一定要懂得使用数字。数字的威力非常大。如果你说，"我们的产品有非常多的人使用，好评率超高"，这样不具备任何说服力。但是你换个说法，"我们的产品有上万人使用，好评率

99%，其中超过 150 位影视明星都使用或正在使用我们的产品”，这样说就能引发跟随效应。

讲完了产品介绍的四大要素，现在你应该清楚如何详细地介绍产品才有说服力了。在过往我所教的学生中，我发现很多人做产品介绍时都会聚焦于产品的功能和卖点，而忽视后面两个要素。而后两者才是最具说服力的。

学员小君销售的是面膜类产品。她之前介绍面膜时一直强调，她的面膜补水功能一流，而且是纯天然无添加的，非常安全，精华甚至可以喝，连孕期和哺乳期女性都可以使用。

这番话全部聚焦于功能和卖点。但是价值呢？没有塑造出来，所以无法打动客户。跟我学习之后，在我的辅导下，她在我的社群做了一次销售演讲，10 分钟的演讲，成交 100 多单，金额超过 2 万元。

接下来我们看看，她是如何利用四大要素，通过塑造价值来介绍产品的。

功能：我们生产的这款面膜是一款补水面膜，大家知道如果要保持良好的肌肤状态，首先就要补水。肌肤一旦缺水就会导致一系列问题，皱纹、黑斑、痤疮等问题会层出不穷。

卖点：这款补水面膜采用的是有机植物原材料，纯天然无添加，不含任何防腐剂，使用的是业内顶级的蚕丝。这种蚕丝可以让面膜薄如蝉翼，无比贴肤，而纯天然无添加被认为是业内最安全的精华面膜，我们董事长在多种场合都喝该款过面膜精华，充分证明它是绝对安全的。

价值：正是因为安全性极高，所以孕妇、哺乳期女性和敏感肌肤者都可以安心使用，长期使用还能提高肌肤抵抗力，改善肌肤的敏感性。我们的面膜补水效果一流，添加了高科技保湿因子。可以天天使用，只要连续使用7天，你就能看到自己的肌肤透明度明显提高，美白度也会大幅增加。你的整个肌肤将呈现出健康状态，素颜也能容光焕发，而且上妆会非常贴肤，绝不会出现因缺水而导致的浮粉现象。

我们的面膜由于全部采用有机植物原材料，带有淡淡的植物芳草清香，当你使用时如置身大自然中，补水滋润的同时，你将得到身心的放松。我们鼓励客户在使用面膜时，放下手中的一切，静静地享受沉浸在大自然中这宁静和愉悦的一刻。很多客户长期使用之后，皮肤状态越来越健康，皮肤白皙透亮。由于困扰皮肤的很多问题消失了，人也变得更加自信和充满活力，幸福感与日俱增。

证据：这款面膜获得2018年日本东京美容化妆品展览会第一名的好成绩，被誉为效果显著、安全性极高的产品。

我们的面膜产品从2015年问世至今，有超过50万客户使用过我们的产品。复购率高达80%，娱乐圈众多明星都是我们的忠实用户，据初步统计，有超过200位娱乐明星和网红达人都在使用我们的产品，这些都是从他们微博中找到的使用凭证。

小君的这个面膜销售演讲，充分利用了产品介绍的四大要素。你有没有发现介绍的重心集中在哪了？集中在价值和证据上了。

而在价值中，除了讲产品的价值，重点聚焦于产品给客户带来的感受价值。卖产品除了要解决客户的痛点，也要卖感觉。客户买了这款产品，会得到一种可以想象的美好感觉。

所以，永远不要忘了，从受众的角度出发，传递对对方有意义的价值，只有解决他们的问题，才能吸引他们的注意力。

演讲对所有渴望成功的人来说是一个必需的能力，对销售人员更是如此。可以说，一个会演讲的人比一个不会演讲的人销售能力要强 20 倍，所以前 20% 的销售高手都是演讲高手。只要有机会开口，他们就能实现让别人购买的目的。

现在无论是直播带货、社群推广，还是线下招商，都少不了演讲与口才表达。所以，掌握演讲技巧就是建立影响力，它是实现一对多批发式成交最重要的能力之一。

假设一个现场有 200 人，如果是一对一沟通，就算一天沟通 3 个人，你也需要 60 多天。但是如果你能成功地进行演讲，那么你可以用几个小时一次性影响 200 人。

我有很多学员跟我学完后，一个小时演讲的成交额能达到 4~6 位数。在当今时代，还有什么能力是比演讲更高效率的成交方式呢？

/ 本章小结 /

这一章我向你介绍了和销售相关的一些知识。我们应该明白线上赚钱业务的背后，就是一种商业模式，而商业模式的背后，必然存在着由销售带来的交易行为。因此你应该正确地理解销售的意义。如果你不能理解这个概念，就很难做好销售工作。同时，我们需要建立自己的个人影响力。5G 时代，我们更要加强自己的演讲表达力，这样才能在直播、短视频、社群、讲课等线上线下的重要场合，吸引更多人关注我们并购买我们的产品。

- 销售动力：驱动销售成功的真正动力，是你做这件事的意义和价值。它能让你立起来，让你因为帮助别人而感到自己的人生很有价值。所以要意识到销售的重要性和使命感。
- 策略分析：通过 ABCDC 策略分析法，从产品和客户角度出发分析你的现状，从而找到线上赚钱业务的突破口。
- 销售演讲：通过想其所想，说其爱听和充满激情来完成一场高转化演讲。
- 产品介绍：利用功能、卖点、价值和证据这四大要素，简明扼要地讲出清晰且吸引人的产品介绍。

读完这一章，我想请你思考下列问题：

√ 你的人生动力和使命是什么？

√ 你能找出你产品的独有卖点吗？你能详细地列出产品的价值吗？

√ 你能清晰地描述出客户画像吗？你能找到你的精准客户吗？

√ 你如何能够做到从观众角度出发，讲他们爱听的内容？

√ 你能否用四要素法，清晰地介绍你的产品，并让人听了之后产生购买的欲望？

/第九章/

运营管理篇：

撬动杠杆

让业务滚雪球

给我一个支点，我可以撬起整个地球。

——阿基米德

社群运营：
打造超有黏性的高价值社群

社群这个概念很火。吴晓波说过："不做社群，未来无商可做。"

提到社群，你会想到什么？微信群？你认为微信群就是社群吗？

常有不熟悉的人发私信给我，邀请我加入一个群。发微信给我的人，也不告诉我这个群是做什么的，进群后有什么价值，这样的群我又怎么可能加入呢？

你肯定也加入了很多微信群，免费的、付费的、健身的、学习的、读书的、创业的、工作的、家庭的，五花八门林林总总。有些群非常沉寂，只有群主在发声，其他人都不会冒泡。有些群无比活跃，一天不看动辄成百上千条信息。

经常有学员问我："老师，我要做一个社群，怎么运营才能活跃呢？"我会反过来问："你觉得什么是社群？先想清楚方向，才能谈运营。"

什么叫社群？

基于一类人在一段时间内，为了某种共同的目标组建的群才叫社群。

这里有三个关键点：一类人，一段时间，共同的目标。

那些莫名其妙拉你进去的群，那些没有什么价值的群，都不叫有效社群，它们充其量就是微信群。

从 2017 年开始，我就通过社群开展我的线上赚钱业务，我们组建社群，通过社群运营实现授课和互动，帮助学员实操和实现与客户的联结。同时也利用社群进行裂变和营销。在我看来，社群的力量很强大，一个好的社群会产生超强的黏性，由此带来巨大的商业价值。

阿基米德说过："给我一个支点，我可以撬起整个地球。"社群就是撬动线上赚钱业务的支点。

建群后，群主最期待看见的就是群活跃。所有群主最怕的事就是群里静悄悄，群主喊破了嗓子都没人互动，这不但尴尬，而且不利于实现建群目标。

因为群只有活跃，才有黏性，才有活力。如果群不活跃，你的任何信息传递都是无效的。

因此，怎么运营群非常重要。

要想让群活跃且黏性高，要把握以下三个关键要素。

第一个要素：必须有灵魂人物

这个灵魂人物就是核心人物，是群之所向，是绝对的领袖，他们有号召力和影响力，群成员是被这位核心人物吸引才加入这个群的。

第二个要素：必须有价值提供

除了灵魂人物，一个社群产生黏性的关键在于有价值。这个价值可以是物质方面的，也可以是精神方面的，如知识类、认知类、疗愈类、团购类、优惠类等等。价值提供的关键点在于内容输出。社群从一开始就应该设计好自己的内容输出环节。

我经营的所有社群都非常注重内容设计，因为这样才能吸引群成员一直待在群里，舍不得错过我分享的内容。

第三个要素：必须有鲜明的群文化

群文化由群主或核心人物的个性延伸而来。群文化多种多样，积极上进的、热情奔放的、冷静客观的、温暖贴心的，总之，好的文化没有统一标准。但是方向应该是积极正能量的。而作为社群群主，在建群伊始就需要想清楚自己的群文化，只有这样才能形成自己独树一帜的文化。

我的社群从一开始就形成了自己的文化：精进追求目标，积极互助的正能量社群文化。对于所有进群的人，我都会告知他们这样的文化，因此群成员会自发维护群氛围。

我看到很多失败的社群，群主没有建起灵魂人物的地位，因此缺乏影响力，说话也没人响应。这样的社群没有任何价值，群成员既不能拓展认知，也不能获得利益。因此，群黏性全无。很多群主太急于成交，其社群既没有形成群文化，也没有价值输出。这样的社群就会成为冰窖，群成员根本不看群消息。

现在很多人都会建群，如果一个社群没有形成自己独有的价值体系，那么社群就会成为鸡肋，食之无味弃之可惜。

准备好上述三个关键要素，接下来我说一说玩转社群的四大动作。

第一大动作：社群规则

无规矩不成方圆。一个社群从建立伊始就要有明确的群规。这个群规要规定什么行为值得鼓励，什么行为不被允许。

很多群主不敢定群规，害怕得罪群成员。其实大可不必这样想，每个组织机构都有自己的规章制度。

在我的社群运营中，我非常重视同频相吸这个概念。偶然遇到个别不守规矩的成员，我会毫不犹豫地请他出去。只有在大家都遵守群规的前提下，你的群才能很好地运营下去。

下面是我的一个社群的群规：

- 除班主任和助教之外，不会有官方人员私下添加好友，可以关闭通过群聊加好友功能，以防被骗，如有请举报。
- 不可私拉其他人入群，不可私加群友。
- 不刷屏，不可传教，不互相语言攻击，不可扰乱秩序。
- 不发广告、调研、拉票、团购等和本群学习无关的链接、二维码、小程序等。
- 不传播负能量，保持积极向上。
- 严禁发布涉及政治、色情、暴力、恐怖等的内容。

- 请大家知悉并遵守，一切活动解释权归薇安成长大学所有，如有违反将被移出群聊。让我们一起维护良好的学习环境。
- 有任何问题，请私聊班主任和助教解决。

制定好群规，从一开始就避免那些伤害群文化的行为出现。

第二大动作：营造仪式感

要想让群活跃，就要做一些活动。群分享也好，群活动也好，作为群主最需要做的事就是激活群成员的参与度，所以社群运营一个重要的环节就是营造仪式感。活动无论大小，群主都应该以隆重的方式做出预告。

这种仪式感体现在文字和海报上。如果是普通活动，可以只发文字预告。如果是重要活动，比如核心人物分享，就需要附带精美海报，海报上要有人物形象照、人物介绍、分享主题、分享时间等。通过充满仪式感的滚动性广告提前预热，在社群里一对一发通知，提醒所有社群成员积极参与。

下面分享一个我的社群的仪式感通知。

【班班晨语】

各位最懂得投资自己的同学们，早上好！

努力的人从不孤独，因为终有一天我们会在耀眼的光芒处相逢。接下来 28 天的精进之旅，让我们一起 biling biling～

【课程预告】

时间：3 月 25 日（今天）

19：30—20：00

坐标：微信大课群

内容：开营典礼

主讲：七喜老师

19：30，七喜老师将在本群介绍本期训练营玩法。

【一定要听，不然会懵】

首次进入教室需点击助理链接，教室链接助理会陆续一对一发放给大家，开课前还没有收到的小伙伴请私信邀请入群的助理呦（VV| 萌萌 | 七喜 | 芳莹）

点击链接领取购买后，关注公众号【薇安成长营】，已购中将显示本课程。

所以，一定要懂得充分利用仪式感，鼓励所有人参与进来。

第三大动作：角色分配

在社群运营中，群主应该想办法激发所有人的参与度，不能只是自己一个人演独角戏。参与的人越多，气氛越热烈。

因此，一个社群运营应该有不同的角色分工。以我的社群为例，我有班主任、运营官、小组长、学习委员、鼓励官、点评官、赋能官、宣传官……不同的运营官有不同的角色定位。这些角色可以鼓励群成员主动申请参加，然后从众多人选中挑选合适的人。

你可能会担心没有人参与，事实上，每次我们招募运营官，都有超过 30% 的人申请，每次都是典型的“竞争上岗”。

所以你要设置职位，大胆地鼓励大家申请，让更多人参与你的运营。当这些运营官上岗后，你要对他们进行简单的培训分工，这样你就从一个人单打独斗变成团队运作了。

下面是我的一个招募示范：

【班班播报——招募通知】

各位亲爱的同学们，

大家请注意！

薇安 28 天销售成交实战营运营团队成员招募开启啦！

想学习社群运营，想锻炼自己的运营能力和领导力，想迅速蹿红，想给自己一个更大的学习动力，运营团走起。

详细职位及要求：

请看各岗位招募令｜图

点开链接，即可查看

申请通道：

https：//www.wjx.top/m/66601360.aspx

招募截止时间：

2020.3.25　12：00（本周四）

如果你愿意付出一些时间和精力以及一些对他人的关爱，如果你想锻炼自己的领导力，如果你想增加曝光成为群红，如果你想受人拥戴，如果你想学得更扎实，就认真填写，勇敢申请吧。

第四大动作：活动不断

要想让群持续活跃，你需要设计出各种互动活动。这些活动包括知识分享、群友分享、团购活动、秒杀活动等等。如果没有活动，群就会冷，而群一旦冷了，想再热起来就难了。所以在群运营期间，你需要用各种活动激发大家互动。

我有些社群的周期是28天，在社群开始前，我和团队会把28天的活动全部安排好。

我的高端社群，如个人品牌创业营为期三个月，所以在开营之前，我和团队会把三个月的运营节奏定下来，然后每个月月末确定下个月的详细活动。

我的社群，基本上两三天就有不同的安排，所以社群的小伙伴会觉得非常充实。

这个道理就如同我们上大学一样，除了主修课和必修课，还要有各种兴趣组织，以及校内校外的各种活动。这样整个大学生活就会多姿多彩。社群也需要这样的安排。

当然这些活动必须和主题相关，要有意义才可以。

这里有个示范，是我们小组群的风采展示。各个小组在组长带领下精彩亮相。这些活动大家都非常重视，积极地参与和准备。

【活动预告】

时间：今晚20：00—20：30

坐标：微信交流群

内容：小组风采展示

各小组按小组序号，逐一派代表登场（每组一位），介绍组名、口号、团队情况，小组成员只要时间允许，务必积极参与，聚光灯下亮相。

预计时间是每个小组 3~5 分钟，请大家稍微准备一下。

内容不需太多，关键看士气。

快去你的小家出谋献策吧！

期待在小组里见到你的身影。参与其中，定会快乐无穷。

这就是一个预先策划的活动。每次这类活动的互动值都非常高，楼层常常达到数千层。

我用我的社群做了一些示范，我的社群是学习型社群，所以案例都以学习为主。无论你的社群是什么类型的，这些方法都是通用的。

在建立社群之前，通过设计内容，招募到你的目标人群，然后输出价值，用运营方法激活社群，拉近彼此的距离。

只要群成员感觉好，他们就愿意更长时间和你待在一起，一旦你建立了黏性，你的价值就能得到体现。

直播带货：5G时代最应该打通的变现渠道

现在最火的人，不是哪位明星，而是比明星还要火的直播带货王李佳琦、薇娅和辛巴。

从2020年2月5日到3月2日，李佳琦直播间的总销售额高达9.57亿元，最高同时在线人数达5 829万人次。

也就是说，李佳琦27天买了近10亿元的货。要知道这可是在疫情期间，很多公司都在经历着生死考验，而李佳琦一个人就抵N家中型公司年营收的总和。

直播带货这股潮流风已经吹了一段时间，在即将到来的5G时代，这股风会越刮越烈。因此，越来越多的普通人开始尝试视频直播。

前几天我的一名学员在我的社群里发了一个链接，说她要做直播了，6∶30请同学们都去直播间观摩。

为了给她鼓劲，我到时间后去了她的直播间给她撑人气。我去的时候直播间只有约10个人，主播正在闲聊，我没待多久就退出了。

后来我的学员咨询我："老师，我想锻炼自己的勇气和胆量，于是开了直播，但是我发现我不知道讲什么。"

我经常在朋友圈看到有人发直播链接。有时我会点进去给他们一些鼓励。但是我发现了两个共性问题：直播间人很少，没有核心主题。

事实上，这两个问题互为因果。没有核心主题就吸引不来人，偶尔有人进去也留不住。

我经常开直播，有时每周做几次直播。对于我这种擅长表达的人来说，我太喜欢直播的形式了。它是介于线上音频和线下演讲的中间模式。音频只能被听到，而直播可以被听到并看到，所以从用户的感知上来看，直播比音频和图片要好很多。

同时，直播也解决了信任问题。通过主播的讲解和互动，主播得以建起自己的人格魅力。人们更容易形成对主播的好感和信任感。消费者和主播之间不再单纯是买卖关系，而是有一种情感关系。简而言之，主播虽然在卖货，但是其实卖的是人格魅力。

薇娅就称自己的粉丝为"薇娅的女人"，她在直播间销售的产品号称全网最低价。而且薇娅会进行各种抽奖或礼品赠送活动，实力宠粉。薇娅和消费者的关系，再不是单纯的商家和客户的关系，而是主播和粉丝的关系。这种关系一旦建立，粉丝就会基于对主播的信任和好感购买产品。

除此之外，直播还解决了信息不对称的问题。在直播间里，主播详细解释产品的功能和成分以及效果，并给出诚恳的建议。比如李佳琦推荐口红时会说，这个颜色黄皮（肤）不合适，黄皮美眉不要买。因此皮肤不够白皙的姑娘们就会避免买错产品。而且，直播间的产品价格具有绝对的优势，它能够帮助粉丝真正省钱。

这些都是直播带货这么火的原因。

那么，作为普通人，我们既没有大咖的超级流量，又没有什么资源优势，如何才能做好一场直播呢？

首先，我们需要流量，流量从哪里来？普通人的流量一般来自朋友圈、短视频 APP，如抖音、快手、B 站等。如果你在抖音、快手等短视频平台有众多粉丝，你可以在平台上进行直播。

如果你在平台上没有太多流量，就需要通过下列两个动作积累流量。

行动一：策划一个宣传主题

这一点非常关键，这是你能不能吸引粉丝的核心步骤。如果没有一个精彩的主题，就不会有人对你的直播感兴趣。通常主题有以下几种。

知识分享主题

这是我最常使用的方式，我几乎每周都会做直播，我会分享演讲、销售成交、个人品牌打造、创业、高情商沟通、读书等相关话题。

比如，我为女神节专门策划了一场直播：

主题：打造价值千万的女性个人 IP

副标题：构建你的精准人设 / 拥有持续不断的粉丝矩阵 / 利用个人品牌实现价值变现

这个主题一经推出就非常受欢迎，现场有上万人观看。

这种知识分享主题，需要有干货，同时又和你的产品相关。如果你想推服装，可以尝试“今夏最流行色彩搭配”，然后附带几个次标题。利用海报的形式展示出来。

新品发布主题

如果你有新产品发布，就可以通过直播来广为传播，并进行首次销售购买。

产品特卖会

很多产品，像服装、化妆品、电器等等，经常会有一些尾货，或者是过季打折品，这时可以采用直播进行特卖清货。

老板带货

如果你是一家企业的老板，公司有很多产品，你可以开直播进行销售。就像董明珠董小姐那样，前不久她在快手上的一场直播带货 3 个亿。当然老板们不需要和董小姐去比，不妨定一个合理目标，然后不断进行尝试和优化。

直播分销

帮代理卖货，直播也是一种不错的途径。代理通过朋友圈和社群，吸引人观看直播，主播在直播间销售产品，让买家向代理购买产品。我有个学员最近就尝试了这种模式，一场4小时的直播帮助代理销售了300多万元的产品。

当你策划一个主题推向市场时，你可以测试一下市场的反应。如果没有人点击进入直播间，就说明你的主题不够吸引人，这时你可以测试新主题。

我在策划主题时，一般会准备2~3个主题名字，然后测试市场的反应。同一个内容，不同的文案写法往往会带来不同的效果。

行动二：裂变积累粉丝

当你策划了一个成功的主题之后，会吸引一部分粉丝关注你的直播间或进你的微信群。但是仅有自己的粉丝是不够的，你还需要粉丝帮你裂变。

这时，你可以邀请你的第一批粉丝入群，在微信群里鼓励他们帮你转发海报。你要准备好海报、转发文案，以及一些奖励。比如邀请多少人送什么奖励，达人榜排名前三位送什么大奖。用这些方法鼓励粉丝们冲榜。

只要环节安排得合理，通常情况下，你的原始粉丝就会帮你转发，这样也能带来后续的新增粉丝。

通过内容涨粉和二次裂变的运作，你在直播前就可以积累一批粉丝。要想成功开启一场直播，你需要提前几天预热。

很多人一想到要做直播，会提前两小时在朋友圈发链接，事实上这样做是不会让更多的粉丝来观看的。

那么你要怎么讲才能实现直播带货呢？

关于怎么讲，这里面的学问太大了。作为旁观者，似乎感觉主播随便说说就把货卖掉了，实际上这绝对是外行看热闹。

我为了开直播，花了一个月看了几十场别人的直播，为的是找到直播的感觉。在做了几十场直播后，结合实战经验，我总结出一套方法。我认为，做一场成功的直播，以下八大能力很关键。

运营力

运营力，指的是策划一场直播的运营策划能力。从主题，到吸粉，到内容，到转化，每个细节考验的都是运营能力。

表达力

表达力，指的主播提炼产品卖点的能力和讲故事的能力。很多人在卖货的时候，连产品的主要卖点都讲不清。当观众听了很长时间都听不到产品具有什么优势卖点时，他可能会果断离开你的直播间。除了单纯介绍产品，你还要懂得如何讲故事，讲创始人的故事，讲产品的故事，这样才能把产品人格化。

表现力

表现力，指的是主播绘声绘色沟通的能力。这种表现力在直播时特别重要。你要让别人感觉到你很有趣，很接地气，这样你的直播才能气氛热烈。

专业力

专业力，指的是主播了解产品的专业程度。没有专业程度的人，可能会说“这个东西太好了，太漂亮了”。但是这并不足以打动人，真正的专家要讲专业术语，这个东西为什么好，为什么与众不同。

状态力

状态力，指的是主播要拥有激情，全程保持高昂的情绪状态。我观察过李佳琦的直播，4 小时的直播从头到尾他的声音都是高八度，处于亢奋状态。这个状态对带货的转化至关重要。试想，主播如果垂头丧气，那么谁还会买他的东西呢?

亲和力

亲和力，表现为积极互动。主播全程都能积极地和粉丝互动，分享有趣味性的内容，比如李佳琦和助理的“互掐”，在直播过程中使用辅助销售工具，类似计算器或写在纸上的计算清单，都让人感觉非常亲切又接地气。

信赖力

信赖力，可以打消粉丝的购买顾虑。你的产品要足够好，并且有信用保证，比如全网价格最低、假一罚十、自留款等。因此主播选品要非常谨慎，因为这是在用自己的人格做背书。

成交力

成交力，指的是主播要把控销售节奏，造成购买紧张感。

直播的口才表达能力非常重要，很多人想做直播却讲不出，更讲不好。口才表达能力在5G时代会更加重要，你要学会用理性和感性的表达方法打动观众。所以日常生活中要积极锻炼这种能力。

除了上述八大直播能力，你的干货内容非常重要。

我的学员前段时间购买了某位名人的直播课，结果发现该主播讲了4个小时，其中只有半个小时在讲干货，其余3个多小时全部在卖产品。我的学员非常郁闷。这给人感觉非常不好，观众听不到干货就会提前离开。

我每次直播都会讲足干货，尽管我直播次数很多，但是我的很多粉丝和学员依然会一场不落地都来听，而且他们会准备好记笔记。只有你讲足干货，别人才会对你产生好感和信任感。你要对得起观众的时间，毕竟每个人的时间都非常宝贵。

做好一场直播，提前设计好SOP（standard operation process）标准运营流程很重要。这些流程包括主题策划、直播分享内容策划、营销方案策划、福利奖品互动、直播间装饰、引流裂变流程等等。

你看见别人好像轻轻松松就完成了一场成功的直播，但实际上，他们在背后做了充分的准备。从来没有随随便便的成功，机会永远留给有准备的人。

主播表面上卖的是货，实际上卖的是人格魅力。

因此，要想做好一场直播，你在能力、流程和运营上都要准备好。无论如何，我鼓励你先做起来，一边学习，一边提高。

团队管理：
从单打独斗到团队协作

我每个月都会做很多社群活动，有时会同时有几千人活跃在我的社群里。由于我们的社群运营非常专业，因此总有人问我，你们公司到底有多少员工？

事实上，我们做运营的团队只有两个人，从严格意义上说，只有一个人。另外一个同事只是在工作特别忙的时候才过来帮忙。为什么一个全职员工可以同时运作这么多的社群？

原因在于我们有庞大的兼职团队，我们大部分工作都是兼职团队完成的。

《指数型组织》一书的作者伊斯梅尔指出，一家指数型组织应该具有五个外部属性，第一个外部属性叫作随需随聘的员工。对任何指数型指组织而言，随需随聘的员工是在快速变化的世界中实现速度、功能和灵活性的必要特性。利用组织根基之外的人员，是创造和运营一家成功的指数型组织的关键。

3 年前，当我第一次做社群时，我没有助理，也没有任何运营人员。我一个人要面对 100 多人的社群，那时的我非常惶恐，不知道如何运营一个社群。但是很快，我就找到一群同行者。从第二期开始，我和我的兼职运营团队就步入了正轨。我从一个人单打独斗变成现在一群人团队合作。

我的很多学员都会有这种困扰，他也想开启线上赚钱业务，也想做社群，但是又没有钱请全职的团队，怎么办?

这时我们要用互联网思维，学会在线寻找并搭建和管理自己的团队。

关于如何找到自己的外部团队，我给你的建议是“带着目标去寻找”。当你开始组建社群时，你要用心去观察，物色符合你要求的人。通常在社群里符合以下条件的人，都是很好的后备人选。

- 他们参与度高并获得了一定的收获。
- 他们很认同你，愿意跟随你一直走下去。
- 他们热爱学习，对这个世界有着强烈的好奇心。
- 他们的时间比较灵活。

这四点缺一不可。如果不积极参与，就无法更好地融入你的社群。如果对你不认同，就谈不上跟你走下去。如果没有好奇心和探索欲，就不可能愿意尝试新事物。如果没有时间，你们就无法合作。

因此，你要带着目标去寻找符合这四个条件的人。当你找到心目中的人选后，你可以直接私聊，问他们愿不愿意成为你的团队成员。一般情况下，符合这些条件的人会很乐意成为你外部团队中的一员。

这样你就能找到同行者了。为了弥补流动性的缺口，每次的新活动你都要对学员多加留意，不断扩大你的团队成员储备。

找到同行者之后，你就要学会如何搭建你的团队和管理团队成员。

这一阶段，最关键的就是角色分工、日常管理和成长激励。

角色分工

每家公司都有职位角色和职位职责。当你开展线上赚钱业务时，你要把自己当作一家公司，为你的日常工作制定所需的角色分工。公司首席执行官不会去做财务工作，也不会去做行政工作，否则就没有精力去做更核心的工作。

因此你不要想着所有事都自己搞定，事实上这种想法非常危险，你会因为事无巨细而分不清主次。你要具有长远眼光，以项目运作的方式组建你的团队。

在我的公司刚起步时，我给公司画了一个组织结构图，我需要社群运营人员、海报设计师、文案编辑、商务人员、会计和助理。除了部分岗位招全职员工外，我的大部分工作都是找兼职人员进行的。我的两位海报设计师以及几十位运营团队成员，就是在社群里招募的。

当人员找到后，你要给他们设计角色和分工。

我的运营官需要带小组，同时要负责点评作业，帮助和赋能学员完成各项练习。当我找到运营官后，我会让总负责人开会培训他们，让他们都清楚地知道自己在这个项目中所负的主要责任。

日常管理

如果你已经找到自己的外部团队，并对他们的工作做了角色分工，这时就要对工作进行日常精细化管理。

就管理而言，其最本质、最核心的要点是沟通。在我多年的管理生涯中，我想不到还有什么比沟通更为重要的事。沟通不应该仅仅依赖于微信，有时微信很容易产生误解和歧义。项目一旦开始，就要进行多轮沟通。包括项目启动沟通，确定职责分工。项目中的每周定期会议，都要让大家知道项目的进度和现状。项目结束后要进行复盘，带着所有人对过程进行总结回顾，争取下次做得更好。

而在此过程中，要保持考核指标的透明度和及时性。以我的运营官为例，他们在某个项目中的核心考核指标是，打卡点评数据和作业点评完成指标。

因此，运营负责人每星期定期出具完成进度，并提醒大家注意事项。因为沟通及时和数据透明，一旦发现问题，我们就会及时调整。

有一次，我的一位长期合作的运营官，在项目启动一星期后，因家人住院导致她的各项指标严重落后，运营负责人马上和她电话沟通。我们了解她的困难后立即重新调配了人员，以保证各项工作正常有序推进。

成长激励

如何打造一个具有凝聚力的团队？在我多年带团队的过程中，我总结出三个要点：让团队成长，让团队有激励，让团队看到意义。

每位领导者要让自己成为老师，创建学习型文化组织，这样你才能带着团队不断成长。

我是从事教育行业的，特别重视团队的成长。无论是外部还是内部团队，我都会把很多精力放在他们的能力培养上，因此团队对我的忠诚度很高，他们认为能学到东西。能让自己不断成长这是个人最重要的一件事，他们会因为能力的提高而信心倍增。

同时，我会给我的项目团队成员设置目标，这个目标包括团队目标和个人目标。所以团队成员都会朝着一个方向努力向前冲。

我的团队流动性一直都不大，除了上述因素，他们也觉得自己做的事很有意义。任何事情当我们赋予它意义时，做这件事就能给我们带来价值感。

我有一位新学员刚来到我的社群时，在一次作业中她流露出焦虑和负面情绪。我的团队成员勇哥，真诚地给她写了1 000多字的点评留言，这位学员都看哭了。从那以后，她彻底融入社群，通过认真学习取得了巨大的进步。

我的社群拥有极致利他的文化氛围，在给他人帮助和赋能的过程中，团队也找到自己的价值所在。

/ 本章小结 /

这一章我们重点探讨了和销售相关的运营管理方法。我介绍了如何才能运营出一个充满活力和高黏性的社群。我也分享了我认为非常重要的直播带货方法，最后我谈到组建团队的方法。

- 社群运营：社群要做到有黏性和高价值有三大关键要素，即灵魂人物、价值提供和群文化。社群运营有四大动作，即建立社群群规、营造仪式感、角色分配、活动不断。

- 直播带货：在5G时代，如果你想尝试直播，首先需要找到流量。我给出两个行动方法，即如何策划一个宣传主题，如何裂变累积粉丝。而在直播带货环节，我总结了八大能力帮助你更好地进行主播互动，从而实现直播涨粉和带货的目的。
- 团队管理：在这一节中，我分享了我找到更多合作伙伴的方法。你该如何找到合适的人？又该怎么用三大方法做好角色分工、日常管理和成长激励？

读完这一章，我想请你认真思考下列问题：

√ 如果你要组建一个社群，那么你打算如何将它打造成一个有凝聚力的社群？

√ 如果你要进行一场直播，那么最应该注意哪些方面？

√ 当你要开启一个项目时，你怎样才能找到你的项目成员？

/第十章/

人生破局篇：

业务发展的关键是终生成长

我不断地看到有些人在生活中越过越好，他们不是最聪明的，甚至不是最勤奋的，但他们是学习机器，他们每天夜里睡觉都比那天早晨聪明一点点。

——查理 · 芒格

拓展人脉：成为最受欢迎的人脉王

想做好线上赚钱业务，人脉至关重要。据微信官方统计，普通人的好友平均为200~300人，那么你有多少好友呢？你有多少好友决定了你圈子的大小。

很多人在没有从事销售之前，从来没有意识到人脉的重要性。甚至把那些诚意地想添加你微信的人拒之门外。一旦开始做业务，你就会知道，正是从前的“闭关锁国”，才造成今天如此被动的局面。

如果你想建立自己的影响力，但是你的圈子又极为狭窄，那么你要对谁去发挥你的个人影响力呢？

这个世界所有的事情都离不开人，而在商业环境中，人的因素更是发挥着至关重要的作用。一旦你开始从事线上赚钱业务，就会无数次听到流量这个概念。什么叫流量？流量就是人。

建立人脉关系有两层含义，**一层含义是指广度，即你认识的人的数量**。

1967年，美国社会学家米尔格拉姆设计了一个邮寄包裹的活动，他随机挑选出一批志愿者，要求他们将包裹邮寄给马萨诸塞州一个素不相识的人。志愿者知道收件人的姓名、职业和大致位置，但是不知道收件人的具体位置。他们通过寄给自己朋友圈中最有可能认识目标收件人的一个人，不断类推，直到包裹最终到达目标收件人手中。这个活动测试出，通过5~7个中间人，就能联系到不认识的人。六度分隔理论由此诞生。

六度分隔理论意味着，你和任何一个陌生人之间间隔的人不超过6个，也就是最多6个人你就能认识你想认识的人。所以你认识的人越多，你的潜在客户越多。

建立人脉关系的**第二层含义指的是深度，即你和他人关系的质量**。你是否受欢迎，你能否和别人保持良好的人际关系。

TED上有个非常火的演讲，主题叫作“幸福的生活，基于良好的人际关系”。哈佛大学用了75年的时间，追踪724个人的一生。他们想找到成功的根源，想知道究竟是什么让人们保持快乐、健康和长寿。从75年的研究中，他们得出一个非常明确的结论，那就是良好的人际关系能让人更加快乐和健康，就这么简单，这是唯一的结论。那些跟家庭成员更亲近的人，更爱与朋友、同事和邻居交往的人，会比那些不善于交际、独来独往的人更快乐、更健康，也更长寿。

很显然，无论是个人还是企业，想要业务做得好，都要重视人脉的广度和深度。广度让你能找到更多潜在客户，认识想认识的人，获得更多有价值的信息。深度让你受到众人的欢迎、喜爱、认可和追随。

因此，如果你想认识更多人，想得到更多的帮助和支持，想让自己的人生或事业更顺利，就应该懂得怎么做才能受欢迎。

对他人有价值

每个人的人生转折点都少不了一位贵人。

贵人如此重要，那么贵人从何而来？需要通过你的努力去寻找并靠近。

在创业初期，有一次我参加一个外部培训，认识了一位自媒体界的 90 后小前辈 Kyle。那时我的粉丝只有 2 000 人，而他的粉丝有 50 万。他做完自我介绍，瞬间就吸引了我的注意力。于是我主动和他取得联系。当我得知他要开线下培训课时，马上就付费报名参加学习。

我积极地向 Kyle 讨教自媒体运营的方法，他很乐意教我，也给了我很多支持，包括用他的号推荐我，一夜间我就涨了 2 000 多粉丝。

我也积极和他开展很多合作，我推荐他成为一家大公司的咨询顾问。同时我和他合作开了训练营和音频课，我的音频课在 Kyle 平台上销售了数万份。

可以说，Kyle 就是我的贵人。他的帮助让我在自媒体上有了零的突破。他的鼓励让我迈出了向知识付费发展的成功一步。我靠近他，付费向他学习，我也提供自己的价值给 Kyle，实现双方共赢。

因此，当你找到某方面值得你学习的老师时，你应该主动选择靠近他们，向他们付费学习，同时向他们提供你的价值。

过去一年，我还跟着几位老师学习，付费成为他们的体系中级别最高的学员。这样我有很多机会可以靠近老师，学习老师的思想和最精华的课程。我也会主动向我的老师提供咨询和帮助，和他们开展一些项目合作。我的老师都是我的贵人，他们给了我很多帮助。

同样，我也有很多学员，他们一直跟着我学习，参加我所有的课程，甚至成为我的社群运营人员、助教或辅导老师。通过和我近距离的学习和深度合作，他们有更多机会得到我的帮助。

只有你对他人有价值，你的价值才能得到体现。

极致利他去赋能

我的学员暖阳是北京一家公司的文职人员。之前的她很腼腆很害羞，自信心也不足。一个偶然的机会，朋友推荐她参加我的课程，她非常认真地参与，并积极互动，她得到了所有人的认可和掌声。这之后，她自信心大增，参加了我所有的训练营，并成为训练营中一颗耀眼的明星。

她感觉自己的世界完全改变了，她变得自信又勇敢。因此她留在我的系统中，成为一名运营官，有机会去赋能其他人。我的社群每次都有几百人，暖阳总是给大家做作业点评并鼓励他们，看到有些同学没听课或没有做作业，她会私聊并提醒他们，给他们提供帮助。日常在群里她也总是用心和大家互动，大家都非常喜欢她。

暖阳告诉我，在没有跟我学习之前，她的微信好友只有 500 人，跟我学习一年半后，她的好友人数高达 6 000 人，要开两个号才行。我社群的同学为什么都主动加她为好友？因为她一直在做极致利他的事。有一次她在我的社群里卖橙子，一次 5 分钟的演讲就售出 6 000 多元。群里的小伙伴说，暖阳卖什么我都买。

利他和关心别人，就是在情感银行里不断存钱。天晴挖水道，无事早为人。为人交友，只有平时培养感情，积累人脉，关键时刻才有人主动帮你。

真诚地欣赏和赞美

想要拥有良好的人际关系，要懂得用欣赏和认可的眼光去看待对方，赞美对方的长处。

被人认可和赞美，是人的心理需求，会让人心情愉悦。想赢得客户的好感，就得在交往中让对方感到愉快。

如果你想受到欢迎，那么你需要先学会喜欢别人。即无论你买不买我的东西，我都想交你这个朋友，我都关心你，我都会发自内心地欣赏你的好。你的赞美一定要是真诚真心的。

我的很多学员都有一个困扰，即不知道如何做才能拉近朋友圈和社群成员的关系，吸引别人的关注。我的建议是，要看到别人的长处，多鼓励和赞美别人。

日常多去朋友圈留言赞美，在社群里认可别人做得好的地方。每个人都渴望被关注、被认可，如果你能给予他人真诚的赞美，就能拉近你们的距离，从而获得别人的好感和信任。

赞美别人，说起来容易，对很多人却是一个挑战。有人不习惯，有人不好意思，有人不知道怎么说。

这里有两个关键点：一是你要有双发现美的眼睛，能看到别人好的地方，而不是熟视无睹；二是养成赞美他人的习惯，给自己提一个要求，每天真诚地赞美一个人，无论用什么方式。

当你具备这两点时，你的人际关系会有明显的改善，你也会拥有更多的朋友。

快速突破：
三招让你的业务迅速破局

网络上有句话流传甚广：“听过很多道理，却依然过不好这一生。”

为什么看见别人做什么都容易成功，轮到自己却难于上青天呢？

曾经有学生问我：“薇安老师，我进入保险行业已经 3 个月了，至今颗粒无收，请问我该坚持下去吗？如果要做下去，我又如何才能成功开拓客户呢？”

还有学生问我：“薇安老师，我代理了一个女性护理产品，我觉得这个产品特别好。可自从我代理之后，根本卖不出，这个产品是不是没有市场？我该怎么办？”

事实上，要想破局，你不能靠主观想象，也不能一味蛮干。这一节，我将和你分享我用得最多的三大破局方法。

第一大破局方法：培养认知迭代能力

要想破局，避免瞎摸索乱撞墙的第一要素，就是培养认知迭代能力。

什么是认知迭代？就是你不断改变、更新和升级你的思维认知，以及对事情的看法。

多年前，我被公司指派接管一项新业务。我接手时面临着非常困难的三无局面：没团队，没资源，没人懂。公司上下几千人，没有一个人了解这块业务，尽管如此，领导对我还是抱有很大的希望，因为有数据显示，这项业务前景和潜力巨大。

遇到这种情况怎么办？我做了三件事。

一是拜访客户。当时绝大部分客户对我非常陌生，于是我通过各种关系上门拜访了解情况，大致掌握了市场的格局。

二是混圈子和学习。我参加各种与行业相关的课程、峰会和论坛。从中了解相关知识，结识了重要人脉。

三是找标杆和榜样。我向业内人士打听谁是行业的佼佼者，请人牵线认识这些人。我还记得，有位同事向我引荐了某品牌行业第一的业务负责人。

于是我马上致电，诚意地想去拜访她。那位负责人爽快地答应了，我当下买了机票从广州飞往北京，并请她吃饭。她和我沟通了两个小时，她的话让我有如醍醐灌顶。回来之后，我按照她的建议，成功地落实了下一步。

通过上述三个举动，我只用了 3 个月就摸清了市场环境，并制定了正确的销售策略和团队架构，我们的业务迅速起步并实现腾飞。

因此，当你陷入困境、找不到解决方法时，你最需要做的就是培养认知迭代能力。具体怎么做呢？

提升学习能力

日常向书本学，跟老师学。我在自我投资上永远是大手笔，因为每次我付费向专业人员学习后，都会取得成百倍的收益。

学习是让你少走弯路的重要途径。别人已经摸索出成功的经验了，你只要付点儿费就可以学习他们的成功经验，然后让这种成功经验为自己所用。自我摸索真的太费时间，也太痛苦了。

大脑绝对是你这辈子最值得的投资项目，只有学习你才能让自己成为专业人士，只有不断学习你才能培养解决问题的能力。

借鉴他人的成功经验

很多人一筹莫展时，我都会问他们这个问题："你的行业有人做得好吗？和你同时起步的人，有没有赚到钱的？有没有成功的？如果有，他们是怎么做的？"

在这个世界上，只要有人比你做得好，就说明他有比你更成功的方法。你要做的就是靠近他，向他请教。比如，你可以找行业领先者、行业专家或有成就的老师，向他们付费咨询或学习。就像我专程从广州飞到北京，只为了请对方吃一顿饭。而那顿饭我认为价值百万元。

加入高能量圈子

在我看来，普通人改变命运的方式有两个，大量学习和加入高能量圈子。

永远都不要忽视圈子的力量。很多时候，即使你看到那些成功的人，你还是会怀疑自己能否成功。而当你加入一个高能量圈子后，你的伙伴们会推动你前进。只要你亲眼见到身边的人改变并做出了成绩，你就会被震撼：原来还可以这样做！原来还有这么精彩的做法！为什么我没有想到，为什么我不去行动？

这就是圈子的力量。它能利用群体的外力激发你，让你发生改变。

一个人身份的高低是由他所在的圈子决定的。你和谁在一起就会有什么样的人生，和勤奋的人在一起，你不会懒惰；和积极的人在一起，你不会消沉。

而在一个高能量圈子里，你很有可能遇到改变你命运的贵人。我常说一句话："最低效的学习方式是一个人埋头苦学，最高效的学习方式是一群人同频共振。"

社群力量非常强大。我的很多学员来上我的社群，都有一个感慨，那就是优秀的人如此多，真的让人大开眼界，过去几十年"白活了"。

是的，每个人的圈子都非常狭窄，待久了你会觉得身边的人都和你一个样，你想改变都无从下手，因此每天都很迷茫。只要你换一个高能量的圈子，你就会发现世界变大了，你也可以活出更精彩的人生。

第二大破局方法：开启你的主控程序

什么叫主控程序？就是你主动控制自己、管理自己的能力。

从事线上赚钱业务和其他工作不一样，再没有人安排你的日常事务，一切工作都要你自己规划。如果没有开启主控程序，你会把无关的会议或一些琐事当成工作中重要的事，毫无目标却乐此不疲。因此有人看起来忙得要命，业绩却非常差；有人每天看似闲云野鹤，却月月超额完成目标。

所以，摆脱无用功，开启你的主控程序，你要做到：**以终为始，制订计划**。

根据你的目标进行自我管理。优先安排最重要的事。这是一个主动自我管理的过程。我们在日常工作和生活中，总会有很多琐事占用并浪费了我们的时间。

很多人不懂得拒绝，也分不清先后顺序，所以总是碌碌无为。

因此你得想清楚你当月的关键指标，把完成关键指标放在首位，其他工作中的琐事都放在次要位置上。

每日必做的第一件事就是制订日计划。

做业务，看似自由没人管，却是最需要高度自律的行业。

我每月都会制定目标，并将目标拆解到每一星期、每一天。我把个人认为最重要的事全部列出来，然后安排到一天的某个时间段。一天结束前进行回顾调整。

在我的影响下，我公司的所有同事都会制订个人工作计划。这样，即使工作再忙碌，也能分清主次，重要的事永远不会被拖延。

这些习惯非常重要，要对自己的时间负责，否则你的时间不是被你浪费了，就是被他人浪费了。

第三大破局方法：优化行动力

一个人能力强不强，除了他的迭代认知学习力和超强的主控程序之外，更为重要的是他能否反复思考和总结经验，然后采取优化行动。

实践是检验真理的唯一标准。不行动，学再多也是枉然。

我的学员丽芳是做养生品的，产品很好但是售价很高，产品起价是 2 000 元。

由于售价颇高，很多客户在购买时会非常犹豫，担心走弯路。因此，丽芳的困境是如何吸引更多客户。

在上了我的个人品牌创业营之后，她仍然很纠结，她告诉我，尽管我让她设置一个低端入门引流单品，但是她担心低消费客户不是精准客户。

一番思考后她还是按照我的建议做了。她让工厂新增一款产品试用装，作为引流单品。这个产品一经推出，很快就有客户购买正式装。而一旦客户使用后感觉良好，就会回头购买。她从此找到一条拓客的方向。

所以，如果你发现了别人成功的方法，你要做的不是把经验和方法写在笔记本上，而是要思考：

我的产品该如何借鉴？

我要采取什么行动来测试？

什么时候行动？

用行动日期倒逼自己。这个测试不需要大步子，只要采用 MVP 的方法，逐步优化迭代即可。不行动，即使听再多的方法和成功的案例，对你的业务破局也起不到作用。

知识变现：实现个人价值倍增的方法

我做过很多投资，迄今为止，对大脑的投资最为划算，绝对稳赚不赔。

3年前，我学习了互联网知识，我发现世界原来如此精彩，这大大地开阔了我的眼界。而我也因此开始探索人生的无限可能。

在做公众号的过程中，当我发现瓶颈后，我会马上出去跟别人学习公众号运营，学完后我立即落地实践，实现了公众号突破性的增长。

在创业过程中，我从未间断过跟老师学习，我会不断更新自己的知识架构，我将自己学到的东西运用到我的商业体系中，让公司的业务运转良好。

在我的个人成长中，所有我学过的知识，都在为我所用，给我带来百倍的回报。

我的很多学员也是如此，他们为了做好线上赚钱业务，有针对性地去学习，之后付诸实践，做出结果。他们因此越来越爱学习，命运也越来越善待他们。

查理·芒格说过：“我不断地看到有些人在生活中越过越好，他们不是最聪明的，甚至不是最勤奋的，但他们是学习机器，他们每天夜里睡觉都比那天早晨聪明一点点。”

20年前，成功的商人最需要具备两个重要条件：胆识和勇气。但是现在，仅有这两点远远不够，必须加上知识迭代能力。知识迭代，意味着不断成长、与时俱进。

很多陷入困境的人，表面上看各有各的原因。但是从根本上看，他们是把自己长年封闭在一个小圈子里，丧失了竞争力。当面临事业瓶颈时，他们表现出来的状态如出一辙：束手无策，找不到解决的方法。

很显然，学习成长已经不是锦上添花的事，而是一件关乎你的未来，关乎你的生存的大事。

知识如果不能为你所用，就永远不能转化成能力。你学了演讲，但是不去讲；你学了销售，但是不去销售；你学了写作，但是不去写，这些都无法成为你的能力。

学习是功利的，如果你还没有过上财富自由的生活，就应该树立一个目标，那就是如何通过学习改善自己的经济状况，如何通过学习让自己活得更好。

因此，你应该有针对性地学习，而不是盲目地去学。

如果你想学线上赚钱业务，就要思考以下这些问题：

开展线上赚钱业务需要具备哪些能力？

是不是要学会卖货？我应该学习销售技巧。

是不是要影响更多人？我应该学习演讲表达。

是不是要拓展人脉？我应该学习沟通技巧。

是不是要涨粉？我应该学习如何裂变涨粉。

是不是要学会文案转化？我应该学习写作。

是不是要财富倍增？我应该学个人品牌打造。

总之，什么能帮你实现价值变现，你就要用心去学，这才叫有针对性地学习。

但是，光是有针对性地学习还不够，学习必须能够实践，才能真正发挥重大作用。因此我总结出自己高效学习的一个模型，叫 TARU 模型。TARU 是四个英文单词首字母的缩略词，它们分别是：

T：Thinking 思考

A：Adaption 运用

R：Review 复盘

U：Upgrade 迭代

思考

思考，是 TARU 模型的第一步，也是最关键的一步。想让你的学习变得有效，你最应该做的就是思考。

罗素说："许多人宁愿死，也不愿意思考。"

巴菲特认为，真正赚钱的人就是那 10%~30% 拥有独立思考能力的人。

可见一个人的思考有多重要。

很多人说，听完我的课有如醍醐灌顶，眼界大开。这些都是感受，感受不代表结果。这也意味着，你感觉再好，不思考、不行动也没有太大作用。

大多数人是醍醐灌顶之后，就没有之后了。这样，你的学习之旅等于画上了句号。

可能你会问："我该思考什么？"当你学完一门知识或技能之后，你需要想以下三个问题：

- 我得到最大的收获是什么？为什么？
- 我该如何运用到我的工作和生活中？
- 有哪些知识或技能我能够马上落地实践？

每次我看完一本很有价值的书，都会写读书笔记。读书笔记不是抄文章，而是根据所学的内容，思考并回答上述三个问题。

将所学内容记下来，或者做思维导图都只是复述和总结，不是思考。真正的思考是结合自己的现状进行思考，并为下一步的行动做出计划。

应用

思考是为应用做准备的，不动脑筋就谈不上有行动力。

我刚开始做公众号时，因为遇到瓶颈，专门跟老师学习公众号运营，学完两天的课程后，有个方法让我大受启发。我回去之后针对自己的情况，花了 7 天的时间准备，然后将这个方法落地执行，这一个举动让我的粉丝增加了数十万。

后来，我的老师逢人就讲我的案例。他告诉我，当时参加课程的 50 人中，只有我一个人落地实践了，90% 的人回去后连公众号都没开，而剩下的人基本上没有任何改进。

思考是第一步，行动是第二步。行动必须基于思考，同时符合自身的现状，以做出适应性调整。

复盘

行动之后要复盘，这是让你的能力不断提高的基石。行动之后不复盘，就谈不上持续改善和迭代。

日常的工作和生活应该每月每周甚至每天都复盘，对于项目而言，要做到阶段性复盘。

在我的课上，有一个学员曾问我："老师，我有给自己定计划，但是我的复盘能力太弱了，我对总结很畏惧，我该怎么办？"

这位同学为什么会把复盘当成一个大包袱？就是因为他对结果不满意，所以不敢面对。

复盘的目的是什么？就是下一次可以做得更好。结果越不好越要复盘，这样才能避免再次失败。当然，成功了也要持续复盘，因为每个人都需要不断超越自己。

我们公司每星期都有一次复盘会议，每个项目完成后也要复盘。好的地方我们做成流程清单，不好的地方做改进，或者换一种做法。

复盘应该是习惯性行为，无论是学习还是工作，我们都应该客观地定期回看那些做得好的和可以提高的方面。

好的坏的都会过去，只有复盘才能让未来的你不断获得提高，这是复盘唯一的目的，也是你快速成长的先决条件。

迭代

人生需要不断迭代，迭代就是通过复盘、反复做，找到更好的方法，实现一次比一次优化。

迭代非常重要，所以我的第一本畅销书书名就叫《迭代》。

很多人失败了一次就彻底放弃了，不敢复盘，更不会想下一次如何迭代更新。

我的学员 Yoyo 以前不善言辞，后来她做了微商团队长，在一次大型招商会上没有取得预期的结果，于是她跟我学演讲。2019 年，我在线下开了十多场超级演说力和其他线下课程，她一次都没缺席过。

每一次她都争取上台的机会，第一次做得不好，再来第二次。讲完后她会寻求他人的反馈，下一次再改善。仅仅一年的时间，她就从一个不敢开口的宝妈，成为站在台上侃侃而谈的自信女性。

这就是迭代的力量。

我所有的课程也会不断迭代，课程结束一期之后我和运营人员都会复盘，然后根据复盘反馈进行下一次内容和运营上的迭代。

我们用不断迭代推动自己加速前进，挑战更高的标准。

要想让学习取得成果，就要理解一个概念：学习结束才是成长的开始。90% 的人学完了就画上了句号，而另外 10% 的人会把它看成一个逗号，之后开启全新的成长旅程。

学习的目的是让自己变得更好。这种更好不仅是自我感觉，而且是可以看见的结果。人需要驱动力，仅凭感觉无法坚持下去，只有获得好处才能更有动力。

阿明 · 雷哈尼说："所谓成功的秘诀，简单来说，大抵就是 50% 的思考加上 50% 的行动。"

通过思考和行动，知识才能转化成你的能力。而业务发展的关键就在于终生成长。

/ 本章小结 /

在人生破局篇中，我和你探讨了三个维度，分别为如何成为最受欢迎的人脉王，如何让自己的业务迅速破局，以及让你个人价值倍增的方法。在我看来，终生成长才是业务发展的关键所在。

- 拓展人脉：为他人提供价值，极致利他地去赋能，学会真诚地欣赏和认可别人。
- 快速突破：提升学习能力，通过借鉴他人的成功经验，换圈子和加入一个更高能量的圈子做出改变，开启你的主控程序，加强自我管理以及优化你的行动力。
- 知识变现：有针对性地学习，利用 TARU 模型让你的学习真正落地，为你所用。

读完这一章，我想请你思考下列问题：

√ 你将如何通过向他人提供价值找到你的贵人？

√ 当你的事业遇到瓶颈时，你打算如何突破？

√ 在学习过程中，你最大的困惑是什么？你应该如何解决它？

√ 如何才能成为一个高效的终身学习者？

√ TARU 模型中你需要提高哪一部分，你打算怎么做？

/ 后记 /

在交这篇书稿时，我的小宝小土豆刚满 5 个月。彼时，新冠肺炎疫情每天都在新增，街上行人寥寥无几。

那时的我忙得焦头烂额。小土豆是早产儿，刚出生时只有 4 斤多一点，他需要我更为精心的照顾。我的大儿子心心不能去上小学，但是学业不能耽误，我得盯着他上网课，完成作业。疫情的暴发，对我们的业务也有些影响，毕竟人人都担忧未来。

作为一名创业者，自媒体大 V，数十万学员的导师，以及两位年幼孩子的妈妈，有那么一段时间，我陷入既忙碌又焦虑的状态。但是我很快就恢复了，并以更加积极的状态投入工作和生活中。是什么帮了我？

答案是行动和自律。我把所有时间都花在对我而言最重要的事上。在照顾孩子之余，我看书，付费学习，给员工开会打气，和学员沟通，写书写文章，做直播。公司的业务很快企稳，员工士气高涨，营收再创新高。

我把那些卓有成效的方法，高度提炼后放进我的课程中，帮助我的学员渡过难关，取得成果。

我的学员 Lily 是一家耳机生产厂的首席执行官，疫情对他们的企业冲击很大。在最困难时，她选择在线上跟我学习，通过我教的方法，她签下大单，首单金额就高达百万元。

学员小姚是当地一家领先的保险服务机构的负责人，春节过后，他们的核心客户明确表示今年不续签了。在他焦头烂额之时，我帮他分析业务，给了他开拓新客户的思路。他马上组建新部门，一个月就做出 30 多万元的业绩，他的团队也因此人心稳定。

晶姐是年入过亿的两家整形机构的老板，疫情期间业务停滞，她干脆沉下心跟我学习，之后她决定让我带教她打造个人品牌，让自己为企业发声，用个人影响力实现变现。

还有很多学员，在并不乐观的大环境下，利用我教的线上赚钱方法，持续取得让人拍手称赞的业绩和收入。

这些都充分说明了学习的重要性，和线上转型的必要性，这也是我写这本书的原因。

人生和足球比赛、篮球比赛不一样，没有裁判吹口哨宣布比赛结束。它是一场无穷无尽的比赛，因此，我们不需要考虑和谁竞争输赢的问题。事实上，我们这一生只和自己比，无关乎输赢，只关乎成长。

在成长的过程中，你会遇到各种各样的困难，避而不见、掩